INGLES SIN MAESTRO

LILLY BADANI

INGLES
SIN
MAESTRO

Editorial Época, S.A. de C.V.
Emperadores No. 185
03300 México, D.F.

ISBN 968-6769-98-6

Impreso en México
Printed in Mexico

INDICE

INTRODUCCION

Característica de los tiempos modernos en los que ahora vivimos, ha sido la creciente necesidad de intercambio entre las naciones para lograr una mejor convivencia y un desarrollo integral de las mismas. Dada la importancia de la correspondencia establecida por los diferentes países, el medio de comunicación juega un papel trascendente; a este respecto, el idioma inglés se ha convertido en el lazo conductor que une las diferentes posiciones mediante un código comprensible.

La utilización de la lengua inglesa como recurso comunicativo en los asuntos internacionales, actualmente sobrepasa el ámbito de la política —primer sector donde fue adoptada como lengua oficial— y se extiende hacia otras actividades del quehacer humano como el comercio, la ciencia, la cultura, el arte, el deporte; y en general, a todo aquel espacio en donde esté presente la participación mundial.

La difusión tan grande que en los últimos años ha tenido el idioma que ahora nos ocupa, permite observar lo eficaz y práctico de su manejo, así como también, lo importante que resulta su conocimiento en una época en donde gran parte de la labor humana está enfocada hacia el exterior.

En la presente obra y advirtiendo el valor que representa para nuestro tiempo el manejo de una lengua adicional al español, nos avocamos a la enseñanza del idioma inglés mediante una técnica sencilla y completa que nos ayudará tanto a la comprensión y realización de la escritura en inglés, como a la pronunciación y entendimiento del idioma hablado.

7

CAPITULO I

EL ABECEDARIO
Y SU PRONUNCIACION

En nuestra exposición comenzaremos por el abecedario y las normas de pronunciación usadas para cada una de las letras. Tenemos que considerar que aunque son utilizadas por ambos idiomas las mismas vocales y consonantes, la pronunciación varía de manera considerable, así por ejemplo mientras que en español cada una de las vocales tiene un sonido diferente, en inglés cada vocal puede tener tres o más sonidos diferentes de acuerdo con las consonantes con las que se agrupe para formar sílabas o palabras. En el caso de las consonantes el problema es el mismo.

Para vencer las dificultades que nos proporciona la extensa variedad de sonidos existentes en la lengua inglesa, es necesario practicar continuamente la pronunciación ya sea dialogando con alguna persona que hable el idioma, o leyendo en voz alta diversos escritos.

Abecedario	Nombre	PRONUNCIACION	
A	ei	Como A	Si es la vocal tónica y se encuentra antes de la L muda y seguida de F, M o V.
		Como EA	Si se encuentra antes de una E muda. Ej. Fare —*fear*.
		Como EI	Cuando está entre dos consonantes y la palabra termina en E muda. Ej. Face —*Feis*. Late —*Léit*.
		Como O	Precedida de LT, LL y LS. Ej. Fall —*Fol*. All —*Ol*.
B	bi	Como B	En la mayoría de los casos y pronunciando un poco más fuerte que el español.
		Muda	Si antes se encuentra una M y está al final de la palabra. Ej. Domb —*Dom*.
C	si	Como C	Si después se encuentra una A, O, U, L, R y T. Ej. Come —*Com*.
		Como S	Precedida por E, I e Y. Ej. Senssation —*Senseshon*.
D	di	Como D	El sonido en inglés es el mismo que en español pero pronunciada de golpe.
E	i	Como E	En casi todos los monosílabos o seguida de una o más consonantes en una sola sílaba. Ej. Bed *Bed*. Ten —*Ten*.
		Como I	Si forma diptongo con la A. Ej. Eagle —*Igl*. Each —*Ich*.
		Muda	Cuando está al final de las palabras exceptuando los monosílabos y las palabras derivadas del griego. Ej. Mine *Máin*. Fate —*Feit*.
F	ef	Como F	En la mayoría de las palabras con un sonido más fuerte que en español. Ej. Fellow *Felou*.
G	yi	Como G	Antes de A, O, U, L y R. Ej. Gas —*Gas*.
		Como Y	Si está precedida de E, I, o Y. Ejem. Gem *Yem*.

H	eich	Como J	Un poco más fuerte que el español y en general al principio de las palabras. Ej. House *Jaus*. En otras palabras se pronuncia más suave. Ej. Hour —*Jour*.
I	ai	Como I	En monosílabos y entre consonantes. Ej. Pin —*Pin*.
		Como AI	En casi todas las palabras con terminación Ind, después de consonante. Ej. Sing *Sing*. Life *Laif*.
		Como E	Si está precedida por una R. Ej. Bird *Berd*.
J	yei	Como Y	Si está al principio de la palabra. Ej. Joy —*Yoi*.
K	key	Como C	Si se encuentra antes de A en monosílabos.
		Muda	Por lo general antes de N.
L	el	Muda	Si después se encuentra f, K o M.
		Como L	Con sonido muy fuerte si está doble. Esta consonante compuesta se encuentra en los monosílabos y al final de la palabra. Ej. Mill *Mil*.
M	em	Como M	Y con sonido fuerte. En inglés nunca es muda.
N	en	Como N	En la mayoría de las ocasiones y con sonido fuerte. Delante de la G su pronunciación es más suave.
		Muda	Cuando le sigue una M o L.
Ñ			En el idioma inglés no existe esta consonante.
O	o	Como O	En algunos monosílabos. Ej. Not —*Not*. For *For*. Got *Got*.
		Como OU	En Note *Nout*. Alone —*aloun*.
		Como U	Por lo general si se encuentra en la primera sílaba de las palabras. Y en algunos monosílabos. Ej. Prove *Pruv*. Women *Wumen*. Do *Du*.
P	pi	Como P	En algunas palabras con sonido más fuerte.
		Muda	Después de S y T.
Q	kiu	Como C	Si se encuentra al principio de las palabras. Ej. *Quadrant Cwadrant*. Quiz —*Cwiz*.

11

R	ar	Como R	En general igual que en español. No hay distinción entre la R y RR.
S	es	Como S	Con sonido fuerte en algunas palabras. Ej. Yes *Yes*. Soon *Soon*. Existen otras palabras donde el sonido es suave. Ej. Praise —*Preis*.
T	ti	Como T	En casi todas las palabras con un sonido más fuerte.
		Como SH	Si después le sigue una I y otra vocal. En general todas las palabras terminadas en Tion. Ej. Nation *Neishon*.
U	iu	Como U	Después de S si ésta equivale a Sh. Ej. Sugar *Shugar*. También cuando se encuentra después de R, L o J.
		Como AU	En algunos monosílabos como: Cut *Cot*.
		Como IU	Por lo general en palabras que terminan con E muda y la U se encuentra en la primera sílaba. Ej. Muse *Mius*.
V	vi	Como V	En casi todas las palabras, esta consonante no presenta problemas.
W	dobliu	Como W	En algunas palabras cuando se encuentra al principio. Ej. Work —*Wurk*.
		Como U	Si forma diptongo con alguna vocal. Ej. Walk —*Uok*.
		Muda	Si después de ella se encuentran R o H. Ej. Write *Ráit*. Whole —*Hol*.
X	eks	Como CS	Con un sonido fuerte en: Excelent *Ecselent*.
Y	uái	Como Y	En la mayoría de las palabras si está al principio. Ej. Year *Yir*.
		Como AI	En algunas palabras de derivación griega. Ej. Hydraulics *Haidrelicai*.
		Como I	Al final de las palabras. Ej. Hardy *Hardi*. Comity *Cemiti*.
Z	sed	Como Z	En la mayoría de las palabras.

LETRAS COMPUESTAS

De igual manera como ocurre en las letras simples, las letras compuestas en el idioma inglés conocidas como diptongos, en el caso de las vocales, y dígrafos en el de las consonantes; presentan un problema debido a su pronunciación.

Dadas estas dificultades, a continuación presentamos los diptongos y dígrafos más frecuentes en la lengua inglesa.

Diptongos	Pronunciación	Ejemplos
AI	EI	Obtain *Obtein;* Air *Aer.* Este tipo de pronunciación es la más habitual.
	E	Bargain *Bargen;* Said *Sed.*
	EA	Hair *Hear;* Fair *Fear.*
AU	O	Caught *Coght;* Daughter *Doghter.* Pronunciación frecuente.
	EI	Gauge *Geig.*
AW	O	Draw *Dro;* Awful *Oful.* Pronunciación constante.
EA	I	Clean *Clin;* Eat *It.*
	E	Ready *Redy;* Bread *Bred.*
EE	I	See *Si;* Degree *Degri.* Pronunciación invariable de I larga.
EI	EI	Eight *Eight;* Neighbor *Neighbour.*
	I	Receive *Reciv;* Seize *Siz.* Pronunciación excepcional.
EW	IU	Few *Fiu;* View *Viu.*
	U	Clew *Clu;* Steward *Stuard.* Pronunciación ocasional.
IE	AI	Die *Dai;* Tie *Tai.*
IO	AIOU	Violence *Vaiolens.*
OO	U	Room *Rum;* Book *Buk.* Pronunciación muy usual.
OU	AU	Out *Aut;* Sound *Saund.*
	O	Four *For;* Course *Cors.*
UA	UO	Quarter *Quorter.*

Dígrafos	Pronunciación	Ejemplos
CH	CH	Pronunciación suave. Ej. Chestnut *Ches-/nut*. Cheese *Chis*.
	K	Chemist *Kemist*.
GH	G	Ghost —*Góust*.
	F	Laught Laf. Cuando está al final de la palabra.
	Muda	Bright *Bráit*. Night *Náit*.
PH	F	Phone *Fóun*. Phrase *Fréis*. Pronunciación muy usual.
SH	SH	Wash *Uásh*. Shoe *Shu*. Pronuncuación frecuente.
TH	ZD	The —*Zde*. That —*Zdat*. Pronunciación suave.
	Z	Thing *Zíng*. Thank you —*Zenquiu*. La pronunciación debe de ser como Z española.
	T	Table *Téibol*. Tea *Tí*.
WH	J	Whose *Jus*. When —*Juen*.

CAPITULO II

LAS PARTES DE LA ORACION

EL ARTICULO

I.— **The** —el, la, los, las. Su pronunciación es *zde* con un sonido suave. Este artículo no distingue entre número y género, así, puede utilizarse de manera indistinta en: The day *Zde dei* **el día**; **The days** —*Zde deis* Los días; The man —*Zde man* **el hombre**; **The woman** —*Zde uóman* la mujer.

El manejo que se hace de esta palabra en inglés es muy similar en español, sin embargo, suele suprimirse frente a: cargos honoríficos, nombres que designan una especie, nombres abstractos, nombres propios al inicio del texto, principalmente.

Ejemplos:

Inglés	Pronunciación	Español
Queen Isabel II	*Quin Isabel II*	La reyna Isabel II
The book is red	*Zde buk is red*	El libro es rojo
The boys are in the school	*Zde bois ar in zde scul*	Los niños están en la escuela
Russians have a big country	*Rushan jav a big contri*	Los rusos tienen un país grande

15

2.— A o **an** —una, uno. Su pronunciación es *a* en el primer caso y *an* en el segundo. Se utiliza **a** cuando la palabra siguiente comienza con consonante y **an** cuando inicia con vocal o **h**. Este artículo se usa de igual manera para ambos géneros y siempre en singular. El plural corresponde a **some** —*som*, que equivale a algunos, algunas.

Ejemplos:

Inglés	*Pronunciación*	Español
a window	*a uíndou*	una ventana
a door	*a dor*	una puerta
an apple	*an apl*	una manzana
an ornament	*an órnamet*	un ornamento
some words	*som wuords*	algunas palabras
some months	*som mondz*	algunos meses

Ejercicio: Practique la escritura de los artículos presentados, con ayuda de los sustantivos que se incluyen en el diccionario al final del texto; no olvide practicar la pronunciación de las palabras.

EL SUSTANTIVO

El nombre o sustantivo inglés, cumple la misma tarea que el nombre español: Designar un ser, lugar o cosa.

Los nombres se clasifican en: **Concretos** como mesa, silla, libro, coche, etc. **Abstractos** como belleza, bondad, amor, odio, etc. **Comunes** como mar, río, ciudad, montaña, etc. **Propios** como México, Everest, Nilo, Europa, etc.

Género.— Son: Masculino que designa a hombres o animales machos; Femenino con referencia a mujeres o animales hembras, y neutro que se aplica a los nombres restantes.

Ejemplos:

Inglés	Pronunciación	Español
Masculino:		
Bull	Bul	Toro
Father	Fader	Padre
Femenino:		
Cow	Cou	Vaca
Chair	Chair	Silla
Neutro:		
Book	Buk	Libro
Box	Box	Caja

Formación del femenino: Puede ser de tres maneras principalmente. 1. agregando al masculino la terminación **ess.** Ej. Actor - Actress. 2. mediante el vocablo **maid** que sustituye al masculino **man.** Ej. Milkman - Milkmaid —lechera. 3. Son palabras completamente distintas. Ej. **wife** —uáif, esposa, y **husband** josband, esposo, **father** —fader, padre, y **mother** —moder, madre.

Número.— Son dos: singular y plural, la formación de este último se realiza agregando, en el mayor de los casos, una s al singular y siempre y cuando la palabra no termine en: CH, o, s, sh, x, y, z.

Ejemplos:

bed *bed* cama   beds *beds* camas
dog *dog* perro   dogs *dogs* perros
car *car* carro   cars *cars* carros

En casos donde la terminación es **Y** y es antecedida por una consonante, la **y** se torna **i** y se añade la terminación **es**.

Ejemplos:

body *body* cuerpo   bodies *bodis* cuerpos
theory *dziori* teoría   theories *dzioris* teorías
lady *leidi* señora   ladies *leidis* señoras

Las terminaciones o, s, sh, x y z; se sustituyen por **es**.

Ejemplos:

church *church* iglesia   churches *churchs* iglesias
potato *poteito* patata   potatoes *poteitos* patatas
box *box* caja   boxes *boxes* cajas

Los nombres cuya terminación sea **F**, la sustituyen en plural por **ves**.

Ejemplo:

stepmother *stipmoder* madrastra   **Stepmothers** *stipmoders* madrastras

Además de la clasificación del sustantivo que ya hemos visto, existe otra que se refiere al papel que desempeña el nombre dentro de la oración. A este respecto, dicha división es la misma tanto para el idioma inglés como para el español, en ambas se les denomina: vocativo, nominativo, genitivo, acusativo, dativo o ablativo; según sea el caso. Sin embargo, hay una diferencia importante en cuanto a una de las partes de división, y es que el genitivo o posesivo se forma de manera distinta en inglés. Aquí, el nombre del poseedor se coloca antes que el de la cosa poseída. En español se diría: **La casa de Pedro**, y en inglés: **Peter's House** *Piter's jaus*. Los elementos que se utilizan para formar el posesivo son el apóstrofe (') y una **s**.

Ejemplos:

Inglés	Pronunciación	Español
sister's room	*sisters rum*	el cuarto de la hermana
Martha's table	*Martas téibol*	la mesa de Martha
Joe's radio	*Yous réidio*	el radio de Joel

Ejercicio: Memorizar las reglas para el nombre o sustantivo en cuanto a su género y número, y traducir las siguientes oraciones con ayuda del diccionario al final del texto.

William's letter =
El oficial Barnet =
The boy and the girl =
The shoes =
La cama de John =

The animals =
Some weeks =
Linda's orange =
Neruda is a writer =
Chaplin es un actor =

EL ADJETIVO

Es el vocablo que califica al nombre. De igual manera que en español, en inglés el adjetivo puede ser de distintas maneras como a continuación veremos.

Adjetivo calificativo: Difiere del español en que la misma palabra se utiliza de igual manera tanto para el género como para el número, y siempre antes del nombre.

Ejemplos:

Inglés	Pronunciación	Español
a big car	*a big car*	un carro grande
the small roast	*zde smol róust*	la pequeña carretera
an ugly tree	*an ógli tre*	un árbol feo
some bad boys	*som bed bois*	algunos niños malos

Adjetivo determinativo: Se refiere a los numerales que pueden ser cardinales u ordinales.

—**Números cardinales:**

	Inglés	Pronunciación
1	one	*uán*
2	two	*tu*
3	three	*zrí*
4	four	*fór*
5	five	*fáiv*
6	six	*six*
7	seven	*séven*
8	eight	*éit*
9	nine	*náin*
10	ten	*ten*
11	eleven	*iléven*
12	twelve	*tuélv*
13	thirteen	*zœrtin*
14	fourteen	*fortin*
15	fifteen	*fíftin*

16	sixteen	*síxtin*
17	seventeen	*séventin*
18	eighteen	*éitin*
19	nineteen	*náintin*
20	twenty	*tuénti*
21	twenty-one	*tuénti-uán*
22	twenty-two	*tuénti-tu*
30	thirty	*zoerti*
40	forty	*fórti*
50	fifty	*fífty*
60	sixty	*síxti*
70	seventy	*séventi*
80	eighty	*éiti*
90	ninety	*náinti*
100	a (one) hundred	*ei (uán) joendred*
101	one hundred and one	*uán joendred and uán*
120	one hundred and twenty	*uán joendred and tuénti*
200	two hundred	*tu joendred*
1,000	a (one) thousand	*ei (uán) záusand*
10,000	ten thousand	*ten záusand*
1,000,000	a (one) million	*ei (uán) milloend*
2,000,000	two million	*tu milloens*

Después de las centenas (hundred) debe colocarse la conjunción **and** si se sigue algún otro número.

Ejemplos:

	Inglés	*Pronunciación*
425	four hundred and twenty five	*for hondred and tuénti fáiv*
301	three hundred and one	*zdrí hondred and uán*
894	eight hundred and ninety four	*éit hondred and náinti for*

Las cantidades que ascienden a mil (thousand) comunmente se enumeran en centenas.

Ejemplos:

	Inglés	Pronunciación
1538	**fifteen hundred and thirty eight**	*fíftin hondred and zderti éit*
1990	**nineteen hundred and ninety**	*náintin hndred and náinti*
1652	**sixteen hundred and fifty two**	*síxtin hondred and fífty tu*

Regularmente para referir cantidades de cien, mil o millón, se sitúa antes del número la letra **a**. No es muy usual que se utilice al número one (uno).

Ejemplos:

Inglés	Pronunciación	Español
a **houndred black cats**	*a hondred blac cats*	cien gatos negros
a **thousand big cars**	*a dzáusand big cars*	mil carros grandes
a **million high tables**	*a milien jái teibls*	un millón de mesas altas

—Números ordinales:

	Inglés	Pronunciación
1°	**first**	*foerst*
2°	**second**	*cécoend*
3°	**third**	*zoerd*
4°	**fourth**	*forz*
5°	**fifth**	*fifz*
6°	**sixth**	*sixz*
7°	**seventh**	*sévenz*
8°	**eighth**	*éitz*
9°	**ninth**	*náinz*
10°	**tenth**	*tenz*
11°	**eleventh**	*ilévenz*
12°	**twelfth**	*tuélf*
13°	**thirteenth**	*zoertinz*
14°	**fourteenth**	*fortinz*
15°	**fifteenth**	*fíftinz*

16°	sixteenth	*síxtinz*
17°	seventeenth	*séventinz*
18°	eighteenth	*éitinz*
19°	nineteenth	*náintinz*
20°	twentieth	*tuéntiez*
21°	twenty-first	*tuénti-fœrst*
30°	thirtieth	*zœrtiez*

Los números ordinales se emplean principalmente para enumerar los días del mes. Por ejemplo 20 de Junio se diría en inglés **twentieth of June**, vigésimo de Junio en la traducción literal.

Por lo regular y debido a la extensión de la palabra, los números se escriben abreviados utilizando las últimas letras del nombre ordinal.

Ejemplos:

	Inglés	*Pronunciación*
1o.	first	*ferst*
2nd.	second	*cécond*
3rd.	third	*zderd*
4th.	fourth	*fordz*

Los meses del año y días de la semana:

Inglés	*Pronunciación*	Español
January	*yánuari*	enero
February	*fébruari*	febrero
March	*march*	marzo
April	*éupril*	abril
May	*méi*	mayo
June	*yun*	junio
July	*yuláy*	julio
August	*ógost*	agosto
September	*septémber*	septiembre
October	*octóber*	octubre
November	*novémber*	noviembre
December	*decémber*	diciembre

The days of the week	zde déis of zde uik	los días de la semana
Sunday	sóndei	domingo
Monday	móndei	lunes
Tuesday	tiúzdei	martes
Wednesday	wendsdei	miércoles
Thursday	zersdei	jueves
Friday	fráidei	viernes
Saturday	sáturdei	sábado

El superlativo: Se constituye de tres maneras a saber, la primera es agregando a los adjetivos de una o dos sílabas la terminación **er** o **est**. La segunda es anteponiendo al adjetivo la palabra **more** o **the most**, más o el más. La tercera pertenece a adjetivos irregulares que forman el superlativo con palabras diferentes.

Ejemplos:

Inglés	Pronunciación	Español
tall, taller, tallest	tol, toler, tolest	alto, más alto, al más alto
more hearty	mor járti	más cordial
the most hearty	zde most járti	el más cordial
good, better,	gud, deder,	bueno, mejor
the best	zde best	el mejor

El comparativo: Para construir la igualdad se utilizan los vocablos **as - as**, que equivaldrían a **tan - como**, en afirmativo y **so - as**, misma equivalencia, en negativo.

Ejemplos:

Inglés	Pronunciación	Español
Peter is as inteligent as Johana	Píter is as intéliyent as Yoana	Pedro es tan inteligente como Johana
Norma is not so hearty as Mary	Norma is not so járti as Merry	Norma no es tan cordial como María

Para construir la superioridad o inferioridad, se utilizan las palabras **more**, más; **less**, menos y **than**, que.

Ejemplos:

Inglés	*Pronunciación*	Español
John is more skinny	*Yon is mor skini dan*	Juan es más flaco
than Joe	*You*	que Joel
Penny is less famous	*Peny is les féimous*	Peny es menos famosa
than Paul	*dan Pol*	que Pablo

Ejercicios: Memorizar las reglas que se refieren al adjetivo, traducir las siguientes oraciones y elaborar otras.

A soft bed =
234 =
Alberto es menos tonto que Luis =
Thirteen houndred and eigty seven =
María es tan pobre como David =

Ernest is no so impolite as Joe =
Long, longer, the longest =
A houndred girls =
14 de abril =
The beautiful day =

EL PRONOMBRE

Es el vocablo que se utiliza para suplir el nombre. Existen varios tipos de pronombres, comenzaremos por los personales que son los sujetos de la acción.

Inglés	Pronunciación	Español
I	ái	yo
You	yú	tú
He	jí	él
She	shí	ella
It	ít	ello
We	uí	nosotros
You	yú	ustedes
They	zdéi	ellos

Si los pronombres son utilizados como complemento dentro de la oración cambian de la siguiente manera:

Inglés	Pronunciación	Español
Me	mí	a mí
You	yú	te, a tí
Him	jím	le, a él
Her	jer	le, a ella
It	it	le, a ello
Us	os	nos, a nosotros
You	yú	les, a vosotros o vosotras
Them	zdém	les, a ellos o ellas

Es importante recordar que en el idioma inglés por ningún motivo se suprime el pronombre, podemos decir en español **tiene un gato**, pero en inglés se debe decir **she has a cat**.

Ejemplos:

Inglés	Pronunciación	Español
She remembers me	*chí ruimembers mi*	ella me recuerda
I belive you	*ái biliv yú*	te creo
They ask him	*zdéi ask jím*	le preguntaron

Pronombres posesivos: Se refieren a la propiedad y son los siguientes:

Mine	*máin*	mío, mía
Yours	*yúars*	tuyo, tuya
His	*jís*	suyo, suya de él
Hers	*jers*	suyo, suya de ella
Its	*its*	suyo, suya de ello
Ours	*áurs*	nuestro, nuestra
Yours	*yúars*	vuestro, vuestra
Theirs	*zdéars*	suyo, suya de ellos o ellas

Ejemplos:

Inglés	Pronunciación	Español
The house is ours	*Zde jaus is áurs*	la casa es nuestra
The car is mine	*Zde car is máin*	el carro es mío

Pronombres reflexivos: Es cuando la acción es dicha y recae en la misma persona. Aquí el sujeto y complemento son el mismo. Para formar el pronombre reflexivo, se le agrega al adjetivo posesivo la palabra **self** en singular y **selves** en plural.

Ejemplos:

Inglés	Pronunciación	Español
Myself	*máiself*	yo mismo
Yourself	*yurself*	tú mismo, misma
Himself	*jimself*	él mismo
Herself	*jerself*	ella misma
Itself	*itself*	ello mismo

| Ourselves | *auarsélvs* | nosotros o nosotras mismas |
| Themselves | *zdemsélvs* | ellos o ellas mismas |

Ejemplos:

Inglés	*Pronunciación*	Español
She has a job for herself	*chí jas a yob for jerself*	ella tiene un empleo por ella misma
We clean the house for ourselves	*uí clin zde jaus for auarsélvs*	nosotros limpiamos la casa por nosotros mismos

Pronombres demostrativos: Son cuatro, dos para el singular y dos para el plural.

| This | *zdis* | este, esta |
| That | *dat* | ese, esa, eso, aquel, aquella |

| These | *zdís* | estos, estas |
| Those | *zdús* | esos, esas, aquellos, aquellas |

Ejemplos:

Inglés	*Pronunciación*	Español
Those are the best animals	*Zdóus ar zde bes animals*	los mejores animales son esos
That is Peter's book	*Dat is Piters buk*	el libro de Pedro es ese

Pronombres relativos: Son seis, los primeros principalmente para personas y los restantes a cosas. Se utilizan principalmente para preguntar.

Who	*jú*	quién
Whom	*jum*	a quien
Whose	*jus*	de quien, cuyo, cuya

Ejemplos:

Inglés	*Pronunciación*	Español
Verbo: to need		
He needs	*jí nids*	él necesita
She needs	*chí nids*	ella necesita
Verbo: to study		
It studies	*it stódis*	ello estudia
She studies	*chí stódis*	ella estudia
Verbo: to kiss		
He kisses	*jí kises*	él besa

3.— Para la formación del ferundio o presente participio, se agrega al verbo la terminación **ing**. En casos donde el verbo termine en **e**, se elimina y añade el vocablo mencionado. Si el verbo termina en consonante y la letra anterior es vocal tónica, la consonante se duplica y se agrega la terminación **ing**.

Ejemplos:

Inglés	*Pronunciación*	Español
Verbo: to work		
working	*uórking*	trabajando
Verbo: to close		
closing	*closing*	cerrando
Verbo: to prefer		
preferring	*prefering*	prefiriendo

La conjugación del gerundio tiene que hacerse con la ayuda del verbo auxiliar **to be,** ser o estar. Más adelante lo mostraremos.

Verbos irregulares: Son los que forman su pasado participio y pretérito de diversas maneras. Pero conservan la terminación **ing** para el gerundio.

Ejemplos:

Verbo: to see

Presente:	**Pretérito**	**Pasado participio:**
see *sí* ver	saw *sóu* visto	seen *siín* visto

Verbo: to write

Presente:	**Pretérito**	**Pasado participio:**
write *ruáit* escribir	wrote *ruót* escrito	written *ruíten* escrito

Gerundio:
writting *ruíting* escribiendo

Ejemplos:

Inglés	*Pronunciación*	Español
She writes a letter	*chí ruáits a léder*	ella escribe una carta
We saw an ugly animal	*uí sóu an ógli ánimal*	nosotros vimos un animal feo
He wrote the best history	*jí róut zdí best jistori*	él escribió la mejor historia

VERBOS IRREGULARES MAS FRECUENTEMENTE EMPLEADOS

Infinitivo	Pasado	Participio	Traducción
to awake	awoke	awoke	despertar
to be	was, were	been	ser, estar
to become	became	became	llegar a ser
to begin	began	begun	comenzar, empezar
to bear	bore	bear	soportar, llevar
to break	broke	broken	romper
to bring	brought	brought	traer
to buy	bought	bought	comprar

to blow	blew	blown	soplar
to build	built	built	construir
to catch	caught	caught	coger, atrapar
to come	came	come	venir
to cost	cost	cost	costar
to cut	cut	cut	cortar
to choose	chose	chosen	escoger
to do	did	done	hacer
to deal (with)	dealt	dealt	tratar (con)
to drink	drank	drunk	beber
to drive	drove	driven	manejar
to eat	ate	eaten	comer
to fall	fell	fallen	caer(se)
to feel	felt	felt	sentir(se)
to find	found	found	encontrar, hallar
to fly	flew	flown	volar
to forget	forgot	forgotten	olvidar(se)
to freeze	froze	frozen	congelar
To fight	fought	fought	pelear
to forbid	forbade	forbidden	prohibir
to get	got	gotten	conseguir
to go	went	gone	ir
to grow	grew	grown	crecer
to hang	hung	hung	colgar
to have	had	had	tener, haber
to hear	heard	heard	oír
to hold	held	held	sostener, estrechar
to hurt	hurt	hurt	lastimar
to keep	kept	kept	guardar, conservar
to know	knew	known	saber, conocer
to lay	laid	laid	salir, dejar
to lead	led	led	guiar, dirigir
to lend	lent	lent	prestar
to let	let	let	permitir, dejar
to lay	lay	lain	yacer
to lose	lost	lost	perder
to make	made	made	hacer, manufacturar
to mean	meant	meant	significar
to meet	met	met	encontrar(se) conocer
to pay	paid	paid	pagar
to put	put	put	poner
to read	read	read	leer

to ride	rode	ridden	cabalgar, montar
to ring	rang	rang	tocar (timbre, campana)
to rise	rose	risen	levantarse
to run	ran	run	correr
to say	said	said	decir
to see	saw	seen	ver
to sell	sold	sold	vender
to send	sent	sent	enviar
to set	set	set	poner, colocar
to shake	shook	shaken	sacudir
to shine	shone	shone	brillar, lustrar
to sing	sang	sung	cantar
to sit	sat	sat	sentarse
to sleep	slept	slept	dormir
to speak	spoke	spoken	hablar
to spend	spent	spent	gastar, pasar
to stand	stood	stood	ponerse o estar de pie
to steal	stole	stolen	robar
to sweep	swept	swept	barrer
to swim	swam	swam	nadar
to take	took	taken	tomar, llevar
to teach	taught	taught	enseñar
to tear	tore	torn	**romper**
to tell	told	told	decir, contar
to think	thought	thought	**pensar**
to throw	threw	thrown	**echar, lanzar**
to understand	understood	understood	comprender, entender
to upset	upset	upset	desordenar, volcar
to wake	woke	woke	despertar(se)
to wear	wore	worn	usar, llevar
to win	won	won	ganar
to write	wrote	written	escribir

Verbos auxiliares: Se utilizan para formar los tiempos compuestos de los verbos. Son: **To be**, *tu bí*, ser o estar; **to do**, *tu dú*, hacer; **to have**, *tu jav*, tener o haber; **can**, *can*, poder; **may**, *mey*, poder; **must**, *most*, deber; **shall**, *chol*, deber y **will**, *uíl*, querer.

Verbo **to be**. Es uno de los más importantes ya que sirve de auxiliar y se conjuga en todos los tiempos. A continuación los más importantes.

Inglés	*Pronunciación*	Español
	Presente de indicativo	
I am	*ái am*	soy o estoy
You are	*yú ar*	eres o estás
He is	*jí is*	es o está
She is	*chí is*	es o está
It is	*it is*	es o está
We are	*uí ar*	somos o estamos
You are	*yú ar*	sois o estáis
They are	*zdéi ar*	son o están
	Pretérito	
I was	*ái uás*	era o estaba
You were	*yú uer*	eras o estabas
He was	*jí uás*	era o estaba
She was	*chí uás*	era o estaba
It was	*it uás*	era o estaba
We were	*uí uer*	éramos o estábamos
You were	*yú uer*	érais o estábais
They were	*zdéi uer*	eran o estaban
	Futuro	
I shall be	*ái chol bi*	seré o estaré
You will be	*yú uíl bi*	serás o estarás
He will be	*jí uíl bi*	será o estará
She will be	*chí uíl bi*	será o estará
It will be	*it uíl bi*	será o estará
We shall be	*uí chol bi*	seremos o estaremos
You will be	*yú uíl bi*	seréis o estaréis
They will be	*zdéi uíl bi*	serán o estarán

En la formación del futuro del verbo **to be** y **to have**, se utilizan los verbos auxiliares **shall** para las primeras personas tanto del singular como del plural, y **will** para el resto de las personas.

Ejemplos de conjugación:

He will be a good boy	*jí uíl bi a gud bói*	él será un buen niño
You are the best friend	*yú ar zde best frend*	tú eres el mejor amigo
They were the last girls	*zdéi uer zde last gerls*	ellas eran las últimas niñas
I am sing**ing**	*ái am sínguin*	estoy cant**ando**
We shall be scal**ing** the rock	*uí chol bi scaling zde roc*	estaremos escal**ando** la roca

Verbo: **to do**, hacer. Puede conjugarse en todos los tiempos, es uno de los verbos principales.

Presente de indicativo

I do	*ái du*	hago
You do	*yú du*	haces
He does	*jí dóus*	hace
She does	*chí dóus*	hace
It does	*it dóus*	hace
We do	*uí du*	hacemos
You do	*yú du*	hacéis
They do	*zdéi du*	hacen

Pretérito

I did	*ái did*	hacía
You did	*yú did*	hacías
He did	*jí did*	hacía
She did	*chí did*	hacía
It did	*it did*	hacía
We did	*uí did*	hacíamos
You did	*yú did*	hacíais
They did	*zdéi did*	hacían

En el presente indicativo se cambia **do** por **does** para la tercera persona del singular. Este verbo también se utiliza como auxiliar en las oraciones interrogativas, siempre y cuando los enunciados de este tipo no estén constituídos por los verbos **to be** y **to have**. Ej. **Is he a lawyer?**, ¿es él un abogado?; **Have you got an answer?**, ¿tienes una respuesta?; **Do you need money?**, ¿necesitas dinero? **Do** no tiene traducción.

Ejemplos de conjugación:

She does her dress	*chí dóus jer dres*	ella hace su vestido
Do you have a car?	*du yú hav a car?*	¿tienes un carro?
We do the music	*uí du zde miúsic*	nosotros hacemos la música
I did the sauce	*ái did zde sos*	yo hacía la salsa

Verbo: **to have**, haber o tener. Se conjuga en todos los tiempos, es el auxiliar del pasado en todos los verbos. En el presente indicativo de la tercera persona, se cambia **have** por **has**.

Presente indicativo

I have	*ái jav*	he o tengo
You have	*yú jav*	has o tienes
He has	*jí jas*	ha o tiene
She has	*chí jas*	ha o tiene
It has	*it jas*	ha o tiene
We have	*uí jav*	hemos o tenemos
You have	*yú jav*	habéis o tenéis
They have	**zdéi jav**	han o tienen

Pretérito

I had	*ái jad*	había o tuve
You had	*yú jad*	habías o tuviste
He had	*jí jad*	había o tuvo
She had	*chí jad*	había o tuvo
It had	*it jad*	había o tuvo
We had	*uí jad*	habíamos o teníamos
You had	*yú jad*	habíais o teníais
They had	*zdéi jad*	habían o tenían

Futuro

I shall have	*ál chol jav*	habré o tendré
You will have	*yú uíl jav*	habrás o tendrás
He will have	*jí uíl jav*	habrá o tendrá

She will have	chí uíl jav	habrá o tendrá
It will have	it uíl jav	habrá o tendrá
We shall have	uí chol jav	habremos o tendremos
You will have	yú uíl jav	habréis o tendréis
They will have	zdéi uíl jav	habrán o tendrán

Ejemplos de conjugación:

He will have a good job	jí uíl jav a gud yob	él tendrá un buen empleo
We had a beautiful house	uí jad a biutiful jaus	nosotros teníamos una hermosa casa
She has a new book	chí jas a niú buk	ella tiene un nuevo libro

Para formar el tiempo compuesto con el verbo **to have**, es necesario que el verbo siguiente se encuentre en pasado participio.

Ejemplos:

Inglés	Pronunciación	Español
I have seen a lion	ái jav siin a láion	yo he visto un león
She has been in Acapulco	chí jas biin in Acapulco	ella ha estado en Acapulco
We had liked the coffee	uí jad láiked zde cófi	nos había gustado el café
You will have listened the protest	yú uíl jav lísened zde prótest	tú habrás escuchado la protesta

Verbo: **Can**, poder. Se refiere a la capacidad. Este verbo como los siguientes, es defectivo, es decir, no se conjugan en todos los tiempos.

	Presente de indicativo	
I can	ái can	puedo
You can	yú can	puedes
He can	jí can	puede
She can	chí can	puede

38

It can	*it can*	puede
We can	*uí can*	podemos
You can	*yú can*	podéis
They can	*zdéi can*	pueden

Pretérito

I could	*ái culd*	pude
You could	*yú cúld*	pudiste
He could	*jí cúld*	pudo
She could	*chí cúld*	pudo
It could	*it cúld*	pudo
We could	*uí cúld*	pudimos
You could	*yú cúld*	podíais
They could	*zdéi cúld*	pudieron

Ejemplos de conjugación:

Inglés	*Pronunciación*	Español
I can call you	*ái can col yú*	yo puedo llamarte
We can knit a blouse	*uí can nit a blus*	nosotras podemos tejer una blusa
He could have written a book	*He cúld jav riten ei buk*	él pudo escribir un libro
They could have eaten the candies	*Zdei cúld jav iten zdi quendis*	ellos pudieron comer los dulces

Verbo: **May,** poder. Se refiere a tener permiso, autorización.

Presente de indicativo

I may	*ái méi*	puedo
You may	*yú méi*	puedes
He may	*jí méi*	puede
She may	*chí méi*	puede
It may	*it méi*	puede
We may	*uí méi*	podemos
You may	*yú méi*	podéis
They may	*zdéi méi*	pucden

Pretérito

I might	*ái máit*	pude
You might	*yú máit*	pudiste
He might	*jí máit*	pudo
She might	*chí máit*	pudo
It might	*it máit*	pudo
We might	*uí máit*	pudimos
You might	*yú máit*	pudísteis
They might	*zdéi máit*	pudieron

Ejemplos de conjugación:

She may travel	*chí méi trável*	ella puede viajar —tiene permiso para hacerlo—.
We could play	*uí cúld plei*	nosotros pudimos jugar
They may work in the office	*zdéi méi uórk in zde ófis*	ellos pueden trabajar en la oficina

Verbo: **Must**, deber. Se refiere a una exigencia externa, de suma importancia.

Presente de indicativo

I must	*ái most*	debo
You must	*yú most*	debes
He must	*jí most*	debe
She must	*chí most*	debe
It must	*it most*	debe
We must	*uí most*	debemos
You must	*yú most*	debéis
They must	*zdéi most*	deben

Pretérito

Se utiliza el auxiliar en el mismo tiempo.

Ejemplos de conjugación:

I must read the news	*ái most ruíd zde niús*	yo debo leer las noticias
They must eat fast	*zdéi most it fast*	ellos deben comer rápido

| He must play in the school | *jí most plei in zde scul* | él debe jugar en la escuela |

Verbo: **Shall**, deber.

Presente de indicativo

I shall	*ái chol*	debo
You shall	*yú chol*	debes
He shall	*jí chol*	debe
She shall	*chí chol*	debe
It shall	*it chol*	debe
We shall	*it chol*	debemos
You shall	*yú chol*	debéis
They shall	**zdéi chol**	deben

Pretérito

I should	*ái chuld*	debería
You should	*yú chuld*	deberías
He should	*jí chúld*	debería
She should	*chí chuld*	debería
It should	*it chuld*	debería
We should	*uí chuld*	deberíamos
You should	*yú chuld*	deberiais
They should	*zdéi chuld*	deberían

Verbo: **Want**, querer.

Presente de indicativo

I want	*ái uant*	quiero
You want	*yú uant*	quieres
He wants	*jí uants*	quiere
She wants	*shí uants*	quiere
It wants	*it uants*	quiere
We want	*uí uant*	queremos
You want	*yú uant*	queréis
They want	*zdéi uant*	quieren

Pretérito

I wanted	*ái uanet*	quise
Yú wanted	*yú uunet*	*quisiste*
He wanted	*hí uanet*	quiso
She wanted	*shí uanet*	quiso

41

It wanted	*it uanet*	quiso
We wanted	*uí uanet*	quisimos
You wanted	*yú uanet*	quisísteis
They wanted	*zdei uanet*	quisieron

Ejemplos de conjugación:

I want an apple	*ái uant an apol*	yo quiero una manzana
She wants a big car	*shí uants a big car*	ella quiere un carro grande
They wanted a new job	*zdéi uanet a niú yob*	ellos quisieron un nuevo trabajo

Conjugación interrogativa: Generalmente toda oración. que pretenda ser interrogativa presenta un verbo auxiliar, sin embargo, hay casos donde se prescinde de dicho vocablo, lo que ocurre en tales situaciones es que el pronombre interrogativo es sujeto. Ej. **Who is here?**, ¿quién está aquí? En el tipo de oraciones que mencionamos más arriba, el verbo auxiliar se antepone al sujeto. Ej. **Will she a book?**, ¿quiere ella un libro?; **Is he a new captain?**, ¿es él un nuevo capitán? Para la respuesta afirmativa se contestaría: **Yes, he is** o **Yes, she will**, que significaría: **Sí, él es** o **Sí, ella quiere**. Para la respuesta negativa se emplea **no** y **not** de la siguiente manera: **No, he is not** o **No, she will not**, que significaría: **No, él no es** o **No, ella no quiere**.

Cuando se conjuga un verbo que no es auxiliar y no existe en la oración un pronombre interrogativo, el verbo auxiliar **to do** se utiliza para formar la pregunta de la siguiente manera: **Does** para la tercera persona. Ej. **Does she play yesterday?**, ¿jugó ella ayer?; **Do** para el resto de las personas. Ej. **Do you have a car?**, ¿tiénes carro?; y **Did** para el pasado. Ej. **Did she need a pen?**, ¿necesitó ella una pluma? La respuesta se elabora incluyendo el auxiliar en el tiempo en que se preguntó. Ej. **Yes, she does; Yes, I do; Yes, she did**. En negativo sería: **No, she does not; No, I do not**, y **No, she did not**.

Ejercicio: Memorizar las reglas referentes al verbo y traducir los siguientes enunciados.

I like the modern music =
El compró una raqueta =
She was asking =
I had a cow
He will be the most hearty =

I can travel in this year =
Él ha comprado un coche =
May I eat the rice? =
Does he work in the week =
Yes, he does
¿Jugaron ellos en la granja?

Ella debe estudiar en la escuela
They do the ice cream =
He has a sister =
We could play in the park =
Ella juega en la escuela =
They had working in the journal =
You may sing now =
We are working in the pharmacy =
No, ellos no jugaron

EL ADVERBIO

Es la palabra que modifica el verbo, en inglés los adverbios pueden formarse añadiendo al adjetivo el sufijo **ly**, que es el equivalente al vocablo español **mente**. De igual manera que los adjetivos, estas palabras son invariables. Ej. **honest**, honesto; **honestly**, honestamente.

Adverbios de modo: Son los formados con **ly**, y además los siguientes:

As *as* como		**Thus** *zdus* dos	
Bad *bad* mal		**Well** *uél* bien	
Hard *jard* duro		**So** *so* tan, así que	
Loud *laud* bajo		**Very** *vari* muy	

Ejemplos:

Inglés	Pronunciación	Español
Clara's husband is so funny	*Claras jósband is so fóni*	el marido de Clara es tan chistoso
Probably Joe is at home	*probabli Jou is in jom*	probablemente Joel está en casa
Ernest is very important in this country	*Ernest is veri impórtant in zdis cántri*	Ernesto es muy importante en este país

Adverbios de lugar:

Inglés	Pronunciación	Español
here	*jíar*	aquí
there	*zdéar*	allí
where	*juéar*	dónde
near	*níar*	cerca
far	*far*	lejos
within	*uidín*	dentro

44

outside	*autsáid*	fuera
under	*ónder*	debajo
on, over	*on, over*	encima
around	*aráund*	alrededor
somewhere	*sómjueœr*	en alguna parte
anywhere	*énijueœr*	en cualquier parte
nowhere	*nójueœr*	en ninguna parte
behind	*bijáin*	detrás
before	*bifóar*	delante

Algunos adverbios de lugar se forman con el vocablo **ward,** que se refiere a la dirección.

Forward	*foruard*	hacia adelante
Southward	*suduard*	hacia el sur
Northward	*noruard*	hacia el norte

Ejemplos:

Inglés	*Pronunciación*	Español
Here is the teacher	*jír is zde tícher*	aquí está el maestro
I travel around the world	*ái travel araund zde uorld*	yo viajo alrededor del mundo
The house is near	*zde jaus is níar*	la casa está cerca

Adverbios de cantidad:

Inglés	*Pronunciación*	Español
much	*moech*	mucho
little	*lítœl*	poco
many	*méni*	muchos
few	*fiú*	pocos
how much	*jáu moech*	cuánto
how many	*jáu méni*	cuántos
too much	*tu moech*	demasiado
too many	*tu méni*	demasiados
more	*móar*	más
less	*les*	menos
enough	*inóf*	bastante
almost	*ómost*	casi
at least	*at líst*	al menos

Ejemplos:

Inglés	*Pronunciación*	Español
How many apples are on the table?	*jao meni apls jav on zde teibol?*	¿cuántas manzanas hay sobre la mesa?
I found few boxes	*ái found fiú boxes*	yo encontré pocas cajas
You have more time	*yú jav mor táim*	tú tienes más tiempo

Adverbios de tiempo:

Inglés	*Pronunciación*	Español
now	*náu*	ahora
always	*ólues*	siempre
never	*néver*	nunca
before	*bífoer*	antes
after	*áftoer*	después
soon	*sun*	pronto
late	*léit*	tarde
early	*œrly*	temprano
often	*ófen*	a menudo
then	*zden*	entonces
already	*olrédi*	ya
yet	*yet*	todavía
when	*juén*	cuándo
sometimes	*sómtaims*	a veces
while	*juáil*	mientras
again	*eguéin*	otra vez
today	*tudéi*	hoy
yesterday	*yésterdei*	ayer
tomorrow	*tumóro*	mañana

Ejemplos:

Inglés	*Pronunciación*	Español
You can go now	*yú can go náo*	puedes ir ahora
Paul wrote after her	*Pol róut after chí*	Pablo escribió después de ella
Sometimes I feel so good	*somtáims ái fil so gud*	a veces me siento tan bien

46

Adverbios interrogativos: Además de formular preguntas, estas palabras se utilizan también como conjunciones.

How	*jau*	como
When	*juén*	cuando
Where	*juér*	donde

Ejemplos:

Inglés	*Pronunciación*	Español
How are you?	*jao ar yú?*	¿cómo estás?
When does she travel?	*juén chí travel?*	¿cuándo viaja ella?
Where are Peter and Luis?	*juér ar Piter and Lúi?*	¿dónde están Pedro y Luis?
This is the museum where I work	*zdís is zde miusíum juér ái uórk*	este es el museo donde trabajo

Adverbios de afirmación y negación:

Yes	*yes*	sí
No-not	*nou-not*	no
Sure	*shúr*	seguro
Never	*never*	nunca
Perhaps	*perjáps*	quizá
Better	*béter*	mejor
Worse	*uórs*	peor

Ejemplos:

Inglés	*Pronunciación*	Español
Johana never comes early	*Yoana never com erli*	Johana nunca viene temprano
Yes, I have new car	*yes, ái jav niú car*	Sí, tengo carro nuevo
This road is the worst	*zdís roud is zde uórs*	esta carretera es la peor

)

Ejercicio: Traduzca las siguientes oraciones y elabore otras con ayuda del diccionario del texto.

Aquí está la pluma =
He is very wise =
The cat is somewhere =

I have a little oil =

Paulo is always written =
Then, what happen? =
El cuarto donde duermo es hermoso =
I never do offenses

LA PREPOSICION

Es un vocablo invariable utilizado para establecer una relación entre dos términos. En el idioma inglés dos preposiciones pueden equivaler a una en español.

Ejemplos:

Inglés	Pronunciación	Español
in	*in*	en. Se refiere a un lugar o tiempo. Ejemplo:
He is in the school	*jí is in zdho scul*	él está en la escuela
at	*at*	*en. Tiene esta significación si antecede un lugar determinado. Ejemplo:*
Peter is at the office	*Piter is at zdi ófis*	Pedro está en la oficina
into	*íntu*	hacia dentro
to	*tu*	a
beneath	*benizd*	debajo de. Se refiere a estar cerca de la superficie. Ejemplo:
The floor is beneath the city	*zdi flor is benizd zdi siti*	el piso está debajo de la ciudad
below	*bílou*	debajo de
under	*ónder*	debajo. Se refiere a estar lejos de la superficie. Ejemplo:
The center of the world is under us	*zdi center av zdi uórld iz ander as*	el centro de la tierra bajo nosotros
with	*uízd*	con
against	*egéinst*	contra
of	*of*	de
from	*from*	desde. Se refiere a la procedencia. Ejemplo:
I have a car from Mexico	*ái jav a car fram Mécsico*	tengo un carro proveniente de México También significa *de*, en el sentido mencionado. Ejemplo:

49

I am from China	ái am fram Cháina	soy de China
for	for	por, para
by	bái	por. Se refiere a la causa. Ejemplo:
The pen was bougth	zdi pen uas bout	la pluma fue comprada
by me	bái mi	por mí
on	on	sobre. Se refiere a estar cerca de la superficie. Ejemplo:
The table-cloth is on	zdi téibol-clot is on	el mantel está sobre
table	téibol	la mesa
upon	epón	sobre. Misma situación anterior
above	abóu	sobre. Se refiere a estar lejos de la superficie. Ejemplo:
The roof is above	zdi ruf is abóu	el techo está sobre
the bed	zdi bed	la cama
down	dáun	abajo
up	op	arriba
behind	bijáind	detrás
before	bifor	delante de
since	sins	desde que
between	bituín	entre. Se refiere a estar entre dos cosas o seres. Ejemplo:
The tower is between	zdi touer is bituín	la torre está entre
you and me	yú and mí	tú y yo
among	amoung	entre. Se refiere a estar entre varios seres u objetos. Ejemplo:
Your dress is	yur dres is amoung	tu vestido está
among my clothes	mái clod	entre mi ropa
around	aráund	alrededor
instead of	instéd of	en lugar de
whitout	uidaut	sin
about	abaut	acerca
towards	tóards	hacia
until	until	hasta
off	of	fuera
during	diúrin	durante
out	áut	fuera de
across	ácros	a través

Ejemplos:

Inglés	*Pronunciación*	Español
I go to the park	*ái go tu zde park*	voy a el parque
The book is for you	*zde buk is for yú*	el libro es para tí
I have a car since	*ái jav a car sins*	tengo un carro desde
1988	*náintin houndred and*	mil novecientos
	éiti éit	ochenta y ocho

Ejercicio: Traducir los siguientes enunciados.

He will go to school until tomorrow =
She wrote about you =
María puede vivir sin excesos =
Háblame acerca de David =
Jimy is from United States of America =

LA CONJUNCIÓN

Igual que en español, en inglés las conjunciones son palabras que tienen como tarea enlazar dos términos o dos oraciones. Son invariables y se dividen en cuatro tipos principalmente.

Copulativas:
And *and* y
Both *bouzd* tanto como
Also *olso* de igual manera
Too *tu* también
As well as *as uel as* también como

Ejemplos:

Inglés	Pronunciación	Español
The pen, the pencil and the typewriter are mine	*zde pen, zde pencil and zde táipruiait ar máin*	la pluma, el lápiz y la máquina de escribir son míos
Penny has a horse Luis does too	*Penni jas ei jors Luis dos tu*	Peni tiene un caballo, Luis también

Disyuntivas:
Either...or *ider...or* o uno u otro
Nither...nor *nider...nor* ni uno ni otro
Or *or* o
Otherwise *oderuais* de otro modo
Else *els* además

Ejemplos:

Inglés	Pronunciación	Español
She is either rich or poor	*Chí is ider ruích or pour*	o ella es rica o pobre
Nither you nor he	*nither yú nor jí*	ni tú ni él

52

Adversativas: But *bat* pero, no obstante
Still yet *stil yet* todavía
Nevertheless *neverzdeles* a pesar
However *hóuever* sin embargo
Whereas *juéaras* ya que
While *juáil* mientras
Only *onli* sólo

Ejemplos:

Inglés	*Pronunciación*	Español
I drive a car	*ái dráiv a car*	yo manejo un carro
but it is not mine	*bat it is not máin*	pero no es mío
She plays while you work	*chí pléis juáil yú uórk*	ella juega mientras tú trabajas

Variadas: Therefore *derfor* por lo tanto
Then *zden* pues
Then *zden* pues. Sólo si su significación es
pues se considera conjunción.
For *fo* pues
If *if* si. Condicional.
Altough *aldau* aunque
Notwithstanding *notuistandin* no obstante
Unless *onlés* a menos que
Whenever *juenever* siempre que
Whatever *juatever* de igual modo
Because *bicós* porque
Whether *juezder* ya sea que

Ejemplos:

Inglés	*Pronunciación*	Español
Joe has money	*Jou jas móni*	Joel tiene dinero
therefore he is rich	*derfor jí is ruich*	por lo tanto él es rico
I will go if you come	*ái go if yú com*	yo voy si tú vienes

Ejercicios: Traduzca las siguientes oraciones y realice otras.

Pedro, Juan, tú y ella son amigos =
You can come too =
Me gusta el helado de crema pero Luis me compró un chocolate =
I go to the school whereas I will be a nurse =
Yo soy abogado porque me gusta =
Mary come whenever she can =
Susana siempre canta a menos que trabaje =
When you play the Saturday or the Sunday =

CAPITULO III

LA ESCRITURA

LA SINTAXIS

El saber escribir el idioma inglés es tan importante como el hablarlo de manera correcta; por esta razón en el presente capítulo le mostraremos algunas reglas sobre la sintaxis inglesa, con las que podrá escribir clara y sencillamente y hacerse entender en las situaciones que lo ameriten.

1.— Procure formar oraciones que contengan como mínimo sujeto y verbo. Ej. **I write,** yo escribo. Si prefiere complemente el enunciado para darle forma. Ej. **I write a letter for you,** yo escribo una carta para tí.

2.— Tenga en cuenta que en idioma inglés se acostumbra invertir el orden de las palabras, como en el caso del adjetivo y en el de frases que indiquen asociaciones.

Ejemplos:

Inglés	Pronunciación	Español
She has a green car	shí jas ei griin car	ella tiene un coche verde. Traducción textual: Ella tiene un verde coche
United States	Yunáited Stéits	Estados Unidos. Traducción textual: Unidos Estados
Vessels National association	Vesels nashional asosieshion	Asociación de embarcaciones nacionales. Traducción textual: Embarcaciones nacional asociación

3.— Cuando utilice el pronombre genitivo sajón y exista más de un poseedor, el apóstrofe (') y la **s** se colocan en el último poseedor mencionado.

Ejemplo:

Peter, Mary and Joe's house is beautiful	Piter, Merry and Joes jáus is biútiful	la casa de Pedro, María y Joel es hermosa

4.— Todos los verbos en infinitivo deben llevar el vocablo **to**, en el caso de que después de los verbos: **to bid, to dare, to need, to make, to see, to hear, to let; may, can, will, shall, must;** se siga otro verbo en infinitivo, se suprime el **to**.

Ejemplo:

Correcto	Incorrecto
I can go	I can to go
I will sing	I will to sing

56

| I shall be there | I shall to be there |
| I must tell you | I must to tell you |

5.— Utilice los números arábigos y romanos de igual manera que en español. Para las fechas use sólo números arábigos.

6.— Nunca escriba una palabra cuyo significado, ortografía o tiempo (en el caso de un verbo) desconozca.

SIGNOS DE PUNTUACION

Son los mismos en ambos idiomas y se utilizan de igual manera excepto en:

Inglés	Pronunciación	Español
Interrogation mark	Interroguéishon mark	signo de interrogación. Que sólo se utiliza al final de la pregunta.
Question mark	Cuestion mark	signo de admiración. Que también se utiliza sólo para el final de la pregunta.
		Acento ortográfico que es inexistente en la lengua inglesa.

Los demás signos son:

Comma	cóm	coma ,
Semi colon	semi colon	punto y coma ;
Colon	cóulon	dos puntos :
Period	píriod	punto .
Dash	hasch	guión largo —
Hyphen	jáifen	guión corto -
Parentheses	parenzdesis	paréntesis ()
Square brackets	scuer brakets	corchetes []
Capital	capital	nombre que se le dá a la letra mayúscula

ESCRITURA DE CARTAS

La dirección: se escribe primero el nombre del destinatario con las fórmulas: **Mrs.**, señora; **Miss**, señorita y **Mr.**, señor. Posteriormente el número de la casa, luego el de la calle y finalmente la entidad federal.

Ejemplo: Miss Susan Crawfor
                               13-A Lincoln street.
                               Boston, Mass.

La fecha: deberá de ordenarse de la siguiente manera: Ciudad, mes, día y año. Utilice los números ordinales para el día.

Ejemplo: México, June 20th 1990.

El encabezado puede ser:

> **madam** *madam* señora
> **Dear madam** *dir madam* estimada señora
> **Sir** *sr* señor
> **Dear sr** *dir sr* estimado señor
> **Dear friend** *dir frend* estimado amigo (a)
> **Dear mother** *dir mozder* querida madre

La despedida puede ser:

> **Yours truly** *yurs truli* suyo verdaderamente
> **With love** *uíd lov* con amor
> **Your friend** *yur frend* tu amigo (a)
> **Sincerely** *sincereli* sinceramente

Ejemplos de cartas personales:

New York, N.Y.; March 2nd 1990

Dear Mary:

I write these lines to inform you that Luis and I will arrive next week from New York, and we shall go visit you. We intend to take a long walk on Mexico city streets and visit the Garibaldi place. We hope to share our vacation with you.

Seincerely, Penny

Traducción:

Estimada María:

Escribo estas líneas para informarte que Luis y yo arrivaremos la próxima semana de New York, e iremos a visitarte. Hemos pensado hacer una larga caminata por las calles de México y visitar la plaza de Garibaldi. Esperamos compartir nuestras vacaciones contigo.

Sinceramente, Penny.

México, September 18th 1990

Dear mother:

How are you? I am fine, my trip was very pleasant. Mexico is a big city and the school is beautiful. I have a lovely room and many books, next Saturday when I back home for the rest of my clothes, I will bring you a book. Wait for me and I shall tell you more about my new school and new friends.

With love, Peter.

Traducción:

Querida madre:
¿Cómo estás? Yo estoy bien, mi viaje fue muy placentero, la ciudad de México es grande y la escuela es hermosa. Tengo una habitación muy agradable y muchos libros, el siguiente sábado cuando regrese a casa por el resto de mi ropa, te llevaré algún texto. Espérame y te contaré más de mi nueva escuela y amigos.

Con amor de Pedro.

Los Angeles, Cal. May 1st 1990

Clara:
'I am glad that you are in Los Angeles again, I missed you. I would like to have you visit me next friday and if the weather is nice, we shall see a movie in the evening, and we shall walk at the park.
Please give my regards to your family and remember our date.

Your friend Laura.

Traducción:

Clara:
Me alegro de que estés en Los Angeles de nuevo, te extrañé. Quisiera que vinieras a visitarme el próximo viernes y si el tiempo es bueno, iremos a ver una película en la noche y caminaremos en el parque.
Por favor dale mis recuerdos a tu familia y recuerda nuestra cita.

Tu amiga Laura.

Correspondencia comercial:

Encabezados, pueden ser:

> **Gentlemen** *yentlemen* caballeros
> **Dear Mr.** *dir. míster* estimado señor
> **Dear madam** *dir madam* estimada señora

Despedidas, pueden ser:

> **Yours truly** *yurs truli* suyo atte.
> **Faithfully yours** *fitgolı yurs* de usted atento y seguro
> servidor

Ejemplos de cartas comerciales:

Mexico, July 28th 1990

The Stewuard Company
3000 Boulevard street
San Antonio, Tex.

Gentlemen:
We are pleased to confirm your December eigh-
teenth order; we will shortly send you the goods with
the corresponding invoice. Also enclosed, is our new
catalog. We hope to serve you again soon.

Yours truly
Lincoln Company.

Traducción:

Caballeros:
Tenemos el placer de confirmar su pedido del
18 de diciembre; y en breve enviaremos la
mercancía con la factura correspondiente.
Adjunto enviamos la nueva lista de artículos.
Esperamos poder ser de algún servicio para
ustedes.

Boston, Mass. Octuber 15th 1990
The Puebla Company
II Oriente street
Puebla, Pue.

Gentlemen:
We are sorry to inform you that your February
17th order will not be ready until March 15th be-
cause we are out of stock.
We are sorry for the inconvinience and we thank
you for waiting.
Yours truly:
The Richas Company.

Traducción:

Caballeros:
Sentimos informarles que no podemos atender su pedido del 17 de febrero, porque
nuestra provisión se encuentra agotada. Ten-
gan la bondad de dispensar la tardanza pero
no podemos atender su solicitud hasta el 15 de
marzo.
Mientras tanto, les recordamos que estamos
para servirles.

Mexico, November 9th 1990

The America Company
34 Thomas Edison street.
New York, N. Y.

Attention: Mr. Joseph Al

Dear Mr:

We have recived your letter dated August 16th, and I inform you that your sample has been accepted for the company. Please send us yours salesman with the price list.

Faithfully yours:
The Aguila Company.

Traducción:

Estimado señor:
Hemos recibido su carta fechada el 16 de agosto y le informo que su muestra ha sido aceptada por la compañía. Tenga la bondad de enviarnos a su vendedor con la lista de precios.
En espera de su representante, su atento y seguro servidor.

FRASES USUALES EN LA CONVERSACION

CUESTIONES DE ALOJAMIENTO

Inglés	Pronunciación	Español
—Can you show me a hotel with moderate prices?	Can yu réfer mí an hotel at modereit praises?	¿Puede indicarme un hotel de precios moderados?
—I want a room with two beds	Ai yont a rum uiz uiz tu beds	Deseo una habitación con dos camas
—Do you have a room with a private bath?	Du yu jaf a rum rum uiz a praivat baz?	¿Tienen ustedes una habitación con baño?
—Is there an elevator?	Is der an eleveitor?	¿Hay elevador?
—I prefer a room with a living room	Ai prifer ei rum wiz ei livin rum	Prefiero una habitación con saloncito
Is there a phone in the room?	Is der ei foun in di rum?	¿Hay teléfono en la habitación?
— What is your weekly rate?	Juat is yur uicli reit?	¿Cuál es su precio por una semana?
— For two weeks?	For tú uics?	¿Por una quincena?
—Do you have anything cheaper?	Du yu jav enizing chiper?	¿No tiene algo más barato?
— I will only eat breakfast here; I will eat all other meals out	Ai uil onli it brekfast jir Ai uil it ol ozer mils aut	No tomaré más que el desayuno aquí
—Please send our luggage up	Plis send mai laguech ap	Sírvanse mandar subir mi equipaje
— I wish you could send for our luggage	Ai uish yu culd send for auar l'guech	Deseo que manden a buscar nuestros bagajes
—Here is the ticket.	Jíar is de tíkit	He aquí el talón.
—At what time is the lunch?	at juot taim is de lanch?	¿A qué hora sirven la comida?
—Bring me my breakfast	Bringmi mai brekfust	Tráigame el desayuno
—I prefer chocolate with milk	ai prefer chocoleit uiz milk	Prefiero el chocolate con leche

65

—I would like to have some jam or honey	*Ai gud laik to soume cham or or jonei*	Me gustaría un un poco de confitura o de miel
Give me some more sugar	*Guiv mi saume mor shúgar*	Déme más azúcar
—Wake me up at eigth tomorrow	*Ueik mi ap at éit tumorou*	Por favor despiérteme mañana a las ocho
—Get a bath ready	*Guet a baz rídi*	prepáreme un baño
—Where can I wash my hands, please	*Uer can ai uosh mar jands? plis?*	¿Dónde están los lavabos, por favor?
—Where is the bell?	*Uer is de bel*	¿Dónde está la campanilla?
—The window does not close properly	*De uindou das not clause propeli*	La ventana cierra mal
—May I have mi bill?	*Mai ai jav mai hil?*	¿Me traen la cuenta?
—Can you drive me to the station?	*Can you draiv mi to de staishon?*	¿Me pueden llevar a la estación?
—Please forward my letters to...	*Plis for guard mai mai leters tu*	Sírvanse mandar mi correspondencia a...
—I want a furnished room	*Ai uont a fernished rum*	Deseo una habitación amueblada
—I must have three rooms	*Ai must jav zri rums*	Necesito un alojamiento de tres piezas
—I want a furnished apartment	*Ai uont a fernished apart'ment*	Deseo un apartamiento amueblado
—On what floor?	*On juot flór?*	¿En qué piso?
—A fourth, with elevator	*A fortz uiz éliveiter*	Un cuarto piso con elevador
—Too large, high, small dark	*Tu larch, jai, smoal, dark*	Demasiado grande, alto, pequeño, sombrío
—What is the price?	*Juot is de prais?*	¿Cuál es su precio?
—I will rent it for months	*Ai uil rent it for monz*	Lo alquilaré por meses
—Put something on my account	*Pei soumezing on mai acaunt*	Haga usted un anticipo
—I must have one more bed	*Ai mast jav uan mor mor bed*	Hace falta otra cama

EN EL CAFÉ

—Waiter!	*Ueiter!*	¡Mesero!
—Some coffe, nice and warm	*Som kofi, nais and uorm*	Un café, bien caliente
—A cup of tea with a slice of lemon	*A capof ti uiz a slais of lémon*	Una taza de té con limón
—A ham sandwich	*A jam sandgüich*	Un emparedado de jamón
—A very cool glass of water	*A veri cold glas of uater*	Un vaso de agua bien fría
—I prefer some vanilla or strawberry ice cream	*Ai prefer som vanila or strauberi aiskrim*	Prefiero un helado de vainilla o de fresa
—Bring me some ink and paper	*Bringme sam ink an peiper*	Tráigame tinta y papel
—I don't have any change	*Ai dont jav eni cheinch*	No traigo suelto
—Keep the difference	*Kip de diferens*	Quédese con el vuelto

SERVICIOS DE CORREO, TELÉGRAFO Y TELÉFONO

—I want to mail a letter	*Ai want tu meil léter*	Deseo echar una carta *carta al correo*
—At what time is the last collection	*At juot taim is de last colécshon*	¿A qué hora es la última recogida?
—I will send a money order	*Ai uil send a monei órder*	Quiero mandar un giro postal
—What are the charges?	*Juot ar de charch's*	¿Cuáles son los gastos?
—I wish to cash this money order	*Ai uish tu cash dis monei órder*	Querría cobrar este giro
—Is there a letter under this name?	*Iis der a leter ander dis neim?*	¿Tienen ustedes una carta en lista a este nombre?

67

—Your identity papers?	Yuar idéntiti péipers?	¿Sus papeles de identidad?
—A telegram	A telegram	Un telegrama
—A cable message	A ei kéboel méssach	Un cablegrama
—A wire message	A uair méssach	Un radiograma
—I want to telephone to...	Ai wont tu tu télifoun to...	Quisiera telefonear a...
—Put me on to number...	Put mi on tu nomber...	Déme el número...
—Hello... Hold on	Elou. Jold on	Bueno... No cuelgue
—Who is there?	Ju is der?	¿Quién habla?
—There is a mistake, excuse me	Der is a mistéik, iskius mí	Está equivocado. Perdóneme
—Mister Tura calling	Mister Tura cóling	Habla el señor Tura

CONSULTAS MÉDICAS

—Can you recommend me to a good doctor?	Can yu recomend mi tu a gut doktar?	¿Puede usted indicarme un buen médico?
—Who can speak spanish?	Ju can spik spanish? spanish?	¿Quién habla español?
—What is his address	Juat is jis adrés?	¿Cuál es su dirección?
—At what time is he to be seen?	At juat taim is ji tu bi sin?	¿Cuáles son sus horas de consulta?
—What is the matter with you?	Juat is te máter uiz yú?	¿Qué le pasa?
—I don't feel well	Ai dount fil uel	No me siento bien
—I feel very tired	Ai fil veri tair'd	Me siento muy cansado
—I sprained my ankle	Ai sprein'd mai ank'l	Me he torcido el tobillo
—I have caught a cold	Ai jav kaut a kould	Me he enfriado
—I have a cold in my head	Ai jav a kould in ma jed	Tengo un catarro de cerebro
—I have a cold in my chest	Ai jav a kould in mai chest	Tengo un caterro de pecho
—I have a sore throat	Ai jav a sor zrout	Me duele la garganta
—I don't sleep well	Ai dount slip uel	No duermo bien
—I have no appetite	Ai jav no apitáit	No tengo apetito

68

—Is it serious?	*Is it sírios?*	¿Es grave?
—Show me your tongue	*Shou mi yur tang*	Enséñeme la lengua
—Is my disease contagious?	*Is mai dísis canteichus?*	¿Es contagiosa mi enfermedad?
—Will it be long?	*Uil it bi long?*	¿Será larga?
—Shall I call a surgeon?	*Shal ai col a sorche'n?*	¿Hará falta llamar a un cirujano?

COMPRAS DIVERSAS

—Where is the Chinese department?	*Uer is de Chainís dipartment?*	¿Dónde está la sección de porcelanas?
—Send this to my hotel	*Send dis tu mai otél*	Envíe esto a mi hotel
—Take this order	*Téik dis order*	Anote este encargo
—Do you smoke?	*Du yu smouk?*	¿Fuma usted?
—Where is the tobacconist?	*Uer is de tobaconist?*	¿Dónde hay un estanquillo?
—I want a packet of cigarretes	*Ai uont a pákit of cigarrets*	Deseo un paquete de cigarrillos
—A Habanah cigar	*A Habana sigar*	Un cigarro habano
—A pipe of good quality	*A paip of gut kuéliti*	Una pipa de buena calidad
—Do you have any note-paper?	*Du yu haf eny nout peiper?*	¿Tiene usted papel de escribir?
—Give me a fountain pen	*Guiv mi a fountéin pen*	Déme una pluma fuente
—I want some carbon paper	*Ai uont sam carbon peiper*	Quiero papel carbón
—I want some envelopes and post-cards	*Ai wont sam enviloups and post-kards*	Necesito sobres y postales
—Black? Coloured?	*Black, colored?*	¿En negro? ¿En colores?
—I wish to buy a ring	*Ai wish tu bai a ring*	Deseo comprar una sortija
—Also some earings	*Olso sam iar rings*	También aretes
—I desire to have a photo for an identity card	*Ai disair to jav a foto for an ídentiti card*	Deseo un retrato para carta de identidad

69

English	Pronunciation	Spanish
—I want some glasses to see at distance	*Ai uont sam glas tu si at dístans*	Necesito lentes para ver a distancia
—Of two dioptrics	*Of tu deieptrics*	De dos diaptrías
—Do you have a good quality watch?	*Du y jaf a gut kuéliti uach?*	¿Tiene usted un reloj de buena calidad?
—I want a wrist watch	*Ai uont a rist uach*	Quiero un reloj de pulso
—What is your lowest price?	*Juot is yuar lauist prais?*	¿Cuál es su último precio?
—I want some olive oil	*Ai uont sam oliv oil*	Quiero aceite de oliva
—Give me two pounds of white beans	*Guiv mi tu po'nds of uait bins*	Déme un kilo de alubias blancas
—I want some lump sugar	*Ai uont samlump shugar*	Quiero azúcar de terrón
—What price?	*Juot prais?*	¿Cuál es su precio?
—I want table salt	*Ai uont teib'l sault*	Quiero sal fina
—Give me some veal to roast	*Guive mi sam vil tu rost*	Déme ternera para asar
—A piece of beef to boil	*A pis of bit tu boll*	Un pedazo de carne para la olla
—Two mutton-chops	*Tu múton-shops*	Dos costillas de carnero
—A veal cutlet	*A vil koétlit*	Una chuleta de ternera
—A leg of lamb	*A leg of lám*	Una pierna de cordero
Calf's head	*Calfs jed*	Cabeza de ternera
Sheep's brains	*Ships bréins*	Sesos de carnero
—I want some potatoes	*Ai uont sam poteitos*	Quiero patatas
—Do you have any	*Du yu haf eni salads?*	¿Tiene usted verduras?
—Very ripe fruits?	*Veri raip fruts?*	¿Frutas bien maduras?
—Have you anything important to do?	*Jav yu enizing impórtant tu du?*	¿Tiene usted algo importante que hacer?
—Let's go in that coffee shop	*Lets gou in dat cofi chop*	Entremos en ese café
What are you doing here?	*Juot ar yu doin jier?*	¿Qué hace usted aquí?
—I am waiting for a friend	*Ai am uáiting for a frend*	Espero a un amigo
—Two blocks from here	*Tu blocs from jier*	A dos cuadras de aquí

70

English	Pronunciation	Spanish
—I want some red roses	*Ai uont sam red róuses*	Deseo unas rosas rojas
—John arrived to Tampico	*Yon arraivt tu Tampico*	Juan llegó a Tampico
—Tell him about the whole business	*Tel jim abáut de jóul bisnes*	Infórmele de todo el asunto
—What are you looking for?	*Juot ar yu lúking for?*	¿Qué está usted
—When did you com to live to this house?	*Uen did yu cam tu liv tu dis jaus?*	¿Cuándo llegó usted a vivir en esta casa?
—Along time ago	*Along taim agou*	Hace mucho tiempo

PEQUEÑO DICCIONARIO DE VOCES INGLESAS

Inglés	Pronúnciación	Español
able	*eib'l*	hábil, capaz
about	*abáut*	acerca, alrededor
account	*acáunt*	cuenta
acid	*ásid*	ácido
across	*acrós*	a través
act	*akt*	acta, acto
add	*ad*	añadir
addition	*adishon*	suma, añadidura
adjustment	*adyástment*	ajuste
advertise	*ádvertais*	anuncio, aviso
advice	*adváis*	consejo
afraid	*afréid*	asustado, miedoso
after	*áftar*	después
again	*eguein*	de nuevo
against	*eguéinst*	contra
age	*eish*	edad
agreement	*agriiment*	acuerdo, pacto
air	*ear*	aire
all	*óal*	todo, os, a, as.
ago	*ago*	hace tiempo
ahead	*ajed*	a la cabeza, adelante
allow	*alou*	permitir, autorizar
almost	*ólmoust*	casi
alone	*lóun*	solo, solamente
along	*alóng*	a lo largo, en compañía
already	*olredi*	ya
also	*ólso*	también, además
altough	*oldou*	aunque
among	*amóng*	entre, en medio
amount	*amáunt*	importe, cantidad
amusement	*amiúsment*	recreo, diversión
and	*and*	y
angle	*einguel*	ángulo
anger	*anger*	ira, enfado
animal	*ánimal*	animal
ankle	*ánkél*	tobillo
another	*anoder*	otro, a
answer	*ánsér*	respuesta

72

Inglés	*Pronunciación*	Español
ant	*ánt*	hormiga
any	*eni*	cualquiera, alguno
anybody	*enibody*	alguno, alguien
anything	*enizing*	alguna cosa
anywhere	*eniuer*	donde quiera
apologize	*apolochais*	excusarse
apparatus	*apareitos*	aparato
appear	*apíar*	aparecer, parecerse
apple	*apol*	manzana
apply	*aplai*	apelar, solicitar, aplicar
approach	*aproch*	acercar, acercarse
approval	*aprouval*	aprobación
april	*éipril*	abril
arch	*arch*	arco
arm	*arm*	brazo: arma
armchair	*armchéar*	sillón
armpit	*ármpit*	sobaco
army	*armi*	ejécito
around	*arraund*	en torno, alrededor
art	*art*	arte
arrive	*arráiv*	llegar
as	*as*	tan, como
ashamed	*ashéimd*	vergonzoso
assure	*ashúr*	asegurar
at	*at*	a, en
attach	*átach*	atacar
attempt	*atémp*	intentar, probar
attention	*aténshon*	atención
attraction	*atrácshon*	atracción
august	*ógoest*	agosto
autumn	*otoum*	otoño
authority	*ozórity*	autoridad
avoid	*avóid*	evitar
awake	*auéik*	despierto, despertar
away	*auey*	lejos, distancia

— B —

baby	*béibi*	niño pequeño
bachelor	*bachlor*	soltero
back	*bac*	espalda, lomo, reverso

Inglés	Pronunciación	Español
background	*bagraun*	fondo, último término
bacon	*béicon*	tocino
bad	*bad*	malo, mal
badly	*badli*	de mala manera
bag	*bag*	saco, costal, bolsa
baggage	*bágech*	equipaje
bake	*béik*	cocer
balance	*bálans*	balance, balanza
bald	*bold*	calvo, pelón
ball	*bol*	pelota, globo, baile
banana	*banána*	plátano
base	*beis*	base
band	*band*	banda, venda
basin	*béisin*	palangana
baker	*béiker*	panadero
bank	*banc*	banco, orilla
banker	*bánker*	banquero
banquet	*bánket*	banquete
bar	*bar*	barra, cantina
barber	*bárber*	barbero
bare	*bear*	desnudo, raso, sencillo
barefoot	*bearfut*	descalzo
bargain	*barguéin*	negocio, trato
bark	*barc*	ladrido, barca
barley	*báerli*	cebada
basis	*báisis*	base, fundamento
basket	*basket*	cesta, canasta
bath	*baz*	baño
bathroom	*bazrún*	cuarto de baño
bay	*béi*	bahía
be	*bi*	ser, estar
beach	*bich*	playa
bean	*bin*	haba, frijol, aluvia
bear	*bi'r*	oso, llevar ropa
beard	*bi'rd*	barba
beast	*bist*	bestia
beat	*bit*	pegar, golpear
beautiful	*biutiful*	hermoso, bello
beauty	*biuti*	belleza
because	*bicós*	porque
become	*bicam*	llegar a ser
bed	*bed*	cama

Inglés	Pronunciación	Español
bedroom	*bedrúm*	dormitorio
bee	*bii*	abeja
beef	*bif*	carne, res
beefsteak	*bifsteic*	bistec
beer	*bi'ar*	cerveza
beet	*bit*	remolacha
before	*bifor*	antes, enfrente
beg	*beg*	suplicar, pedir
begin	*biguin*	comenzar
behaviour	*bijeivior*	conducta
behind	*bijaind*	atrás, detrás
being	*being*	siendo
belgian	*belshian*	belga
belief	*bílif*	creer
belle	*bel*	campana
belly	*béli*	vientre, barriga
bent	*bent*	encorvado, doblado
belong	*bilong*	pertenecer
below	*bilou*	abajo, bajo
belt	*belt*	cinturón
bench	*bench*	banco
berry	*berri*	mora, frambuesa
beside	*bisaid*	al lado, cerca
best	*best*	lo mejor
bet	*bet*	apuesta, apostar
better	*béter*	mejor
between	*bituin*	entre, en medio
beverage	*beveresh*	brebaje, bebida
beyond	*biyond*	más allá, fuera de
bi	*bai*	prefijo que indica dupli- cidad
Bible	*báibol*	Biblia
Bibliography	*bibliografi*	bibliografía
bicycle	*baisicol*	bicicleta
bill	*bil*	lista, aviso, factura
billboard	*bilbo'rd*	cartelera, pizarrón
bind	*báind*	atar, juntar, unir
biograph	*biograf*	biógrafo
bird	*berd*	pájaro
birth	*berz*	nacimiento
birthday	*birzdei*	cumpleaños
bishop	*bishop*	obispo

Inglés	Pronunciación	Español
bit	*bit*	mordisco, bocado
bite	*bait*	morder, picar
bitter	*bíter*	amargo
bitterly	*bíterli*	amargamente
black	*blac*	negro
blacksmith	*blacsmiz*	herrero
blackmail	*blacméil*	chantaje
blackness	*blacnes*	oscuridad, tinieblas
blade	*bleid*	hoja (corte)
blame	*bleim*	culpar, acusar
blank	*blanc*	en blanco, vacío
blanket	*blánket*	manta, cobija
blaze	*bléis*	flama, llama
bleach	*blich*	blanquear, decolorar
bleed	*blid*	sangrar
bless	*bles*	bendecir
blessing	*blésing*	bendición
blind	*bláind*	ciego
blindness	*blaindnes*	ceguera
bload	*bloat*	hinchar, hinchado
block	*bloc*	bloque, trozo
blond	*blond*	rubio
blonde	*blond*	rubia
blood	*blod*	sangre
bloodhaund	*blodjáun*	sabueso
bloody	*blody*	sangriento
blossom	*blósom*	capullo, botón
blouse	*blaus*	blusa
blow	*blou*	golpe
blue	*blu*	azul
board	*bord*	tabla, golpe
boat	*bout*	bote, lancha
body	*bodi*	cuerpo
boil	*boil*	hervir
boiler	*bóiler*	caldera, calentador
bond	*bond*	bono, fianza
bone	*bóun*	hueso
book	*buc*	libro
boot	*but*	bota
both	*bouz*	ambos, los dos
border	*bórder*	orilla, frontera, lindero
borrow	*bórrou*	pedir prestado

Inglés	*Pronunciación*	Español
boss	*bos*	jefe, capataz
bother	*bóder*	molestar, incomodar
bottle	*bót'el*	botella
bottom	*bótom*	fondo, inferior, lo más bajo
bottomless	*bótomles*	sin fondo
bow	*báu*	saludo, reverencia
bow	*bo*	Arco (de flecha o violín
bowel	*báuel*	intestino, tripa
box	*box*	caja, palco
box	*box*	boxeo
brain	*bréin*	cerebro, sesos
branch	*bránch*	rama
brake	*bréik*	freno, palanca
brass	*braas*	bronce
brave	*bréiv*	bravo, valeroso
bread	*bred*	pan
break	*brek*	romper, quebrar
breakdown	*breikdáun*	agotamiento
breakfast	*breikfast*	desayuno
breast	*brest*	pecho, seno
breath	*bres*	aliento, respiración
breed	*brid*	criar, engendrar
breeding	*bríding*	cría, crianza
breeze	*bris*	brisa
brevity	*bréviti*	brevedad
brick	*bric*	ladrillo
bride	*braid*	novia, desposada
bridegroom	*braidgrúm*	novio, desposado
bridge	*britch*	puente
bright	*brait*	brillante, claro
brief	*brif*	breve, lacónico
British	*british*	inglés, británico
broad	*bro'd*	ancho, extenso
broadcasting	*brodcasting*	radiodifusión
broil	*bróil*	asar carne, reñir
broiler	*bróiler*	parrilla
broken	*brouken*	roto, quebrado
broker	*brouker*	corredor, agente de bolsa
broom	*brum*	escoba

Inglés	Pronunciación	Español
broth	broz	caldo
brother	bróder	hermano
brown	bráun	cardo, castaño
brush	brash	cepillo
Brussels	brosels	Bruselas
bucket	báket	balde, cubo
bug	bog	chinche
building	bilding	edificio
builder	bilder	constructor
bulb	balb	ampolleta
bullfight	bulfáit	corrida de toros
bunch	bánch	manojo, racimo
bundle	bandel	paquete, atado
burden	borden	carga, peso
burn	bern	quemar, incendiar
burnt	bernt	quemado, calcinado
bush	bush	arbusto, zarza
business	bísnes	negocios
busy	bisi	atareado, activo
but	bat	pero, aunque, sino
butcher	batcher	carnicero
butter	buter	mantequilla
butterfly	buterflai	mariposa
button	bátn	botón
buttonhole	batnsjóul	ojal
buyer	báier	comprador
by	bai	por, cerca, al lado

— C —

Inglés	Pronunciación	Español
cabin	cábin	cabina, camarote
cabinete	cábinet	gabinete, ministerio, botiquín
cable	kéibol	cable
cage	keich	jaula
cake	kéik	torta
calf	caf	becerro, ternera
calla	col	llamar, visitar, avisar
calm	c'am	calma, quietud
camera	cámera	máquina fotográfica
campaign	campéin	campaña electoral o publicitaria

78

Inglés	Pronunciación	Español
can	can	poder
Canadian	canédian	canadiense
candle	cándel	vela, bujía
candlesticj	cándelstic	candelero
candy	quéndi	caramelo, dulce
cane	kein	caña, bastón
cane mill	céin mil	ingenio de azúcar
cantaloup	cántalop	melón
canvas	cánvas	lona, toldo, vela de buque
cap	cap	gorra, giro. Tapa
capable	keipeibls	capaz, competente
cape	kéip	cabo geográfico, capa
captain	cap'tin	capitán
car	car	coche, auto, vagón
card	card	tarjeta, naipe
cardboard	cárdbo'rd	cartón
care	kear	cuidar, cuidado
career	carier	carrera
careful	kerful	cuidadoso
careless	kerles	descuidado
cargo	cargo	buque carguero, cargamento
carpet	cárpet	alfombra
carriage	carriech	carruaje
carry	carri	acarrear, llevar
carton	cárton	envase de cartón
cartoon	cartún	caricatura
case	kéis	caso, estuche
cash	cash	efectivo, pago
cashier	cashier	cajero
castle	cásel	castillo
cat	cat	gato
catch	catch	agarrar, presa
category	cátegori	categoría
catholic	cazólic	católico
cattle	cát'l	ganado bovino
cause	cóos	causa
caution	coshón	cautela, precaución
cautious	coshús	prudente
cave	keiv	cueva, sótano
cavity	cáviti	cavidad

79

Inglés	Pronunciación	Español
cease	sis	cesar
ceiling	síling	cielo raso
cellar	séler	bodega
cent	sent	centavo, céntimo
center	sénter	centro
century	sénchuri	siglo, cien años
certain	sérten	cierto, seguro
chain	chein	cadena
chair	ch'ar	silla
chairman	che'arman	presidente
chalk	shoolk	tiza, yeso
chance	chans	oportunidad, suerte
change	cheinch	cambio
charge	charch	carga, cargo, ataque
charming	chárming	encantador
chat	chat	charla, plática
cheap	chip	barato, vulgar
cheese	chis	queso
chemical	quemical	químico
chest	chest	pecho, arca
chew	chiu	masticar
chief	chif	principal, jefe
chiefly	chifly	principalmente
chicken	chiken	pollo, pollito
chin	chin	barbilla
chinese	chainis	chino
chop	chop	chuleta, cortar
church	cherch	iglesia
circle	serkeel	círculo
circumstance	sercúnstans	circunstancia
citizen	sítisen	ciudadano
city	siti	ciudad
claim	cléim	clamor, demanda, queja
class	clas	clase
clean	clin	limpio
cleaner	clíner	quitamanchas
clear	clii'r	claro
clearance	clírans	despacho de aduana, abertura
clever	clever	listo, inteligente
climate	claimet	clima
climb	cláim	trepar, subir

Inglés	*Pronunciación*	Español
clime	*cláim*	clima
clock	*clock*	reloj de pared
close	*clous*	cerrar, tapar
closed	*cloused*	cerrado
closet	*clóset*	armario
cloth	*cloz*	tela, ropa
cloud	*cláud*	nube
coal	*coul*	carbón
coat	*cóut*	saco, chaqueta
coast	*coust*	costa
coin	*cóin*	pieza de moneda
coffee	*cófi*	café
cold	*could*	frío
collar	*cólar*	cuello (de tela)
collect	*coléct*	cobrar, reunir
comb	*cóum*	peine, peineta
come	*cam*	venir, llegar
comfort	*cámfort*	comodidad
committee	*cómiti*	comité
command	*commánd*	mandar, disponer
company	*cámpani*	compañía
comparison	*compárison*	comparación
competition	*competishon*	competición
complain	*compléin*	quejarse, lamentar
complete	*compliit*	completo, completar
complex	*cómplex*	complicado
condition	*condishon*	condición, requisito
concern	*consérn*	concernir, importar
concert	*cónsert*	concertar, convenir
concert	*cónsert*	concierto musical
confuse	*confiús*	confundir, turbar
congress	*cóngres*	congreso
connection	*conékshon*	conexión, enlace
conscience	*cónshehs*	conciencia
conscious	*conshos*	consciente
consent	*consént*	permiso, consentimiento
considerar	*considerar*	considerar
consignment	*consáinment*	consignación
consist	*consist*	constar, consistir
constitute	*cónstitiut*	constituir
consulate	*consuleit*	consulado

81

Inglés	*Pronunciación*	Español
contain	*contéin*	contener, abarcar
construct	*constróct*	construir
content	*contént*	contento, satisfecho
contents	*cóntens*	contenido, sumario
continue	*contíniu*	continuar
contrary	*cóntrari*	contrario, divergente
control	*contróul*	control
convenience	*convíniens*	conveniencia
convey	*convéi*	llevar, transportar
cook	*cuk*	cocinar, cocinero
cool	*cul*	fresco, sereno
copper	*cóper*	cobre
copy	*cópi*	copia, ejemplar
copybook	*copibuk*	cuaderno
cord	*cord*	cuerda, mecate
cork	*cork*	corcho
corn	*corn*	grano, maíz
corner	*co'ner*	rincón, esquina
cotton	*coton*	algodón
correct	*córrect*	correcto, justo
couch	*cáuch*	sofá, canapé
cough	*cof*	tos, toser
counter	*cáunter*	contador, mostrador
country	*cántry*	país, campo
couple	*cop'l*	pareja, par
course	*córs*	curso, recorrido
courtesy	*córtesi*	cortesía
cousin	*co'sin*	primo, a
cover	*cóver*	cubrir, tapar
cow	*cau*	vaca
coward	*cauard*	cobarde
cozy	*cóusi*	cómodo, grato
crab	*crab*	cangrejo
crack	*crac*	estallido, quiebra
cravat	*cravát*	corbata
crazy	*créisi*	loco, maniático
cream	*crim*	crema, nata
credit	*crédit*	crédito
crime	*craim*	crimen
crop	*crop*	cosecha, siembra
croquette	*cróket*	croqueta
cross	*cros*	cruz, cruce

82

Inglés	*Pronunciación*	Español
crossed	*crost*	cruzado, transversal
crowd	*cráud*	multitud, vulgo
crown	*cráun*	corona, premio
cruel	*crúel*	cruel
crush	*crosh*	aplastar, moler
cry	*crai*	grito, cabo, extremidad
cue	*kiú*	cola, rabo, sugestión
cuff	*caf*	puño de camisa
culture	*cólchur*	cultura, cultivo
currency	*córensi*	moneda, circulante, dinero
current	*córent*	común, corriente
curtain	*cortein*	cortina, telón
curve	*corv*	curva, curvo, torcer
cushior	*cúshon*	cojín, almohadilla
custom	*cústom*	costumbre, clientela
customer	*cústomer*	cliente, parroquiano
customhouse	*cústomjaus*	aduana
cut	*cat*	cortadura
cute	*kiut*	mono, lindo

— D —

Inglés	*Pronunciación*	Español
daily	*deili*	diario, cotidiano
dairy	*déiri*	lechería
dam	*dam*	yegua: presa (de agua)
damage	*dameich*	daño, perjuicio
damp	*damp*	mojado, húmedo
dance	*dans*	baile, danza
danger	*déincher*	peligro
danish	*deinish*	danés
dare	*dear*	atreverse, osar
dark	*dark*	obscuro, negro
darkness	*darknes*	obscuridad
darling	*dárling*	amado, predilecto
date	*deit*	fecha, cita. Dátil
daughter	*dootar*	hija
dawn	*daun*	amanecer
day	*dei*	día, época
daylight	*deláit*	luz diurna
daytime	*deitáim*	de día

Inglés	*Pronunciación*	Español
dead	*ded*	muerto
deaf	*def*	sordo
death	*dez*	muerte
debt	*det*	deuda
deceit	*disit*	engaño, fraude
deceive	disív	engañar
December	*disémber*	diciembre
decency	*disensi*	decencia, recato
decent	*disent*	decente, honesto
decide	*disáid*	decidir, resolver
Decision	*desichun*	decisión
declare	*dicleir*	declarar
decrease	*dicrís*	decrecer
dedicate	*dedikéit*	dedicar, aplicar
deed	*did*	acto, hecho
deep	*dip*	profundo, hondo
definite	*définit*	definido, preciso
degree	*digrí*	grado
delay	*dilei*	tardar, demorar
delicate	*delkeit*	delicado
deliciuos	*delíshus*	delicioso
deliver	*delaiver*	rendir, entregar, brar
demonstrate	*démonstreit*	demostrar
dentist	*déntist*	dentista
deny	*dinái*	negar, contradecir
department	*depártment*	despacho, departamento
departure	*diparche'r*	partida, salida
depend	*depénd*	depender
description	*descripshon*	descripción
desert	*désert*	desierto, yermo
desert	*désert*	desamparar
deserve	*desérv*	merecer
deserving	*desérving*	merecedor
design	*disáin*	dibujo, diseño
desire	*disai'r*	desear, deseo
despatch	*dispach*	despacho, expedición
dessert	*disért*	postre, sobrecomida
destination	*destinéshon*	destino
destiny	*déstini*	destino, sino
destruction	*distrakshon*	destrucción
detach	*detách*	separar, desprender
detail	*ditéil*	detalle

84

Inglés	Pronunciación	Español
develop	*devélop*	desarrollar, desplegar
dial	*dáial*	cuadrante, marcar número telefónico
diamond	*dáiamond*	diamante
dictaphone	*dictafoun*	dictáfono
dictate	*dictéit*	dictado, dictar
dictador	*dictéitor*	dictador
different	diferent	diferente
difficult	*difícolt*	difícil
dignified	*dignifaid*	digno, serio
dime	*dáim*	moneda de diez centavos
dinner	*dáiner*	cena
digestion	*diyéschon*	digestión
direct	*diréct*	directo
direction	*dirécshon*	dirección
dirty	*derti*	sucio
disagree	*disagri*	desacuerdo
disappear	*disapiar*	desaparecer
disappoint	*disapóint*	defraudar, desilusión
discard	*discárd*	descartar, desechar
discount	*discóunt*	descuento
discover	*discóver*	descubrir
discuse	*discós*	discusión
discoussion	*discháshon*	discusión
disease	*disí's*	enfermedad
disgust	*disgast*	disgusto
dish	dish	plato, fuente
dislike	*disláik*	antipatía
display	*displéi*	desplegar, extender
displease	*displís*	desagradar
distance	*distans*	distancia
distribution	*distribushon*	distribución
disturb	*distérb*	perturbar, alterar
dive	*dáiv*	bucear, buceo
diver	*daiver*	buzo
divide	*diváid*	dividir
division	*divishon*	división
do	*du*	hacer, realizar
dog	*dog*	perro
doing	*dúing*	haciendo
doll	*dol*	muñeca

85

Inglés	Pronunciación	Español
door	*dor*	puerta
doubt	*dáut*	duda, dudar
doubtful	*dáutful*	dudoso
dobtless	*dáutles*	cierto, sin duda
down	*daun*	abajo, parte inferior
drain	*drein*	zanja, desagüe
drawer	*drou'r*	cajón, gaveta
dream	*drim*	sueño, anhelo
dress	*dres*	traje, vestido
driver	*draiver*	chofer, cochero
drink	*drinc*	beber, bebida
drop	*drop*	gota, gotear
dry	*drai*	seco, árido
duck	*doc*	pato
due	*diu*	debido, vencido
duly	**diuli**	debidamente
dust	*dost*	polvo
duty	*diuti*	deber, obligación

— E —

Inglés	Pronunciación	Español
each	*ich*	cada, todo
ear	*íar*	oreja, oír
early	*erli*	temprano
earth	*erz*	tierra
easy	*isi*	fácil
East	*ist*	Este, Oriente
edge	*ech*	borde, filo, orilla
edible	edaib'l	comestible
education	*ediucashon*	educación
effect	*ífeck*	efecto
effort	*éfort*	esfuerzo
egg	*eg*	huevo
eggplant	*égplant*	berenjena
either	*íder o áider*	uno u otro
elastic	*ilástik*	elástico
elbow	*élbou*	codo
electric	*iléctric*	eléctrico
elevate	*elevéit*	elevado
elevator	*elevéitor*	ascensor
else	*éls*	más, además, de otro modo

Inglés	*Pronunciación*	Español
elsewhere	*élsjuer*	en cualquier otra parte
embassy	*émbasi*	embajada
embrace	*embreís*	abrazar, rodear
emergency	*émerchensí*	emergencia
emotion	*emoshon*	emoción
emperor	*émperor*	emperador
emphasize	*émfasais*	énfasis
employ	*emploi*	empleo, emplear
employee	*émplolli*	empleado
employer	*emplóier*	patrono, contratista
empty	*émpti*	vacío, desocupado
end	*end*	fin, término
enable	*enéib'l*	habilitar, permitir
encircle	*ensérc'l*	cercar
enclose	*enclóus*	circundar, rodear
encourage	*encórech*	estimular
endanger	*endéncher*	arriesgar
endless	*éndles*	sin fin
enemy	*énemi*	enemigo
energy	*énerchi*	energía
engage	*enguéich*	comprometer, contratar
engagement	*engueichment*	compromiso
engin	*énchin*	motor, máquina
engineer	*énchinier*	ingeniero, maquinista
enjoy	*enchoi*	gustar, disfrutar
enjoyment	*enchoiment*	goce, disfrute
enlarge	*enlárch*	aumentar, amplificar
enough	*ináf*	bastante
entangle	*entáng'l*	enredar, intrincar
enter	*énter*	entrar, penetrar
enterprise	*énterprais*	empresa
entertain	*entertéin*	entretener
entire	*entáier*	entero
entrance	*éntrans*	entrada, puerta
enumerate	*enumeréit*	enumerar
envelop	*énvelop*	envolver, sobre
environment	enváironmen	medio ambiente, cercanía
envy	*énvi*	envidia, envidiar
enwrap	*enráp*	envidia, envidiar
epoch	*époc*	época, era
equal	*ícual*	igual, semejante, equitativo

87

Inglés	Pronunciación	Español
era	ira	edad, era
erase	errés	borrar, tachar
eraser	er'eiser	goma de borrar
errand	ér'and	mandado, mensaje
error	érror	error
escalator	escaléiter	escalera movible
escape	eskéip	escapar, evadir
especial	espeshal	esencial
establish	estáblish	establecer
esteem	estím	estima, aprecio
estimate	estiméit	apreciar, calcular
eve	iv	víspera
even	íven	aun cuando, no obstante
evening	ívnin	tarde, anochecer
event	ívent	tarde, anochecer
eventual	evénchual	eventual
ever	eiver	siempre, eternamente, nunca
everyone	éveriuan	todos
everybody	éveribódy	todos, cada uno
everyday	everidéi	cada día
everything	éverizing	todo
everywhere	everiuer	en todas partes
evident	évident	evidente
exact	ecsát	exacto
examination	ecsamineishon	examen
example	igsámpel	ejemplo
exceed	ecsíd	exceder, aventajar
excellent	ecsélent	excelente
except	ecsépt	excepto
excess	ecsés	exceso, sobrante
exchange	ecschéinch	cambiar, canjear
exciting	ecsáiting	excitante, estimulante
excitement	ecsáitment	excitación, estímulo
exclaim	excleim	exclamar
exclusive	exclúsiv	exclusivo, selecto
excuse	exkiús	excusar, dispensa
exercise	ecsersáis	ejercicio, ejercitar
exhibition	ecsibibishon	exhibición
exile	ecsáil	exilio, destierro
existence	ecsístens	existencia
exit	écsit	salida, mutis

88

Inglés	Pronunciación	Español
expansion	ecspanshon	expansión
expect	expéct	esperar
expense	expéns	gasto, egreso
expensive	expénsiv	caro, costoso
experience	expíriens	experiencia
expert	éxpee'rt	experto
explain	expléin	explicar
express	exprés	expresar, expreso
expresion	expreshon	expresión
exquisite	éxcuisit	exquisito
extend	exténd	extender
extension	exténshon	extensión
extreme	extrim	extremo, estricto
eye	ai	ojo
eyebrow	aibrou	ceja
eyeglasses	aiglasses	anteojos
eyelash	ailásh	pestaña
eyelid	ailíd	párpado
eyetooth	aituz	colmillo
eyewater	aiuater	colirio
eyewintness	aiuitnes	testigo ocular

— F —

fabric	fábric	fábrica, tela
face	féis	rostro
fact	fáct	hecho
factory	fáctori	fábrica, taller
fade	feid	marchitar, desmejorar
fail	féil	fallar, malograr
failure	féiliur	fracaso
faint	féint	desmayarse
faith	féiz	fe, lealtad
faithful	féizful	fiel, leal
fall	fool	caída, otoño, catarata
fame	féim	fama
false	fools	falso
family	fámili	familia
famous	féimous	famoso
fan	fan	abanico
fancy	fánsi	fantasía, imaginación

89

Inglés	*Pronunciación*	Español
far	*far*	lejos
farewell	*fearuél*	despedida, adiós
farm	*fearm*	hacienda, granja
farmer	*fármer*	granjero
farther	*fárder*	más lejos
farthest	*fárdist*	lejísimos
fashion	*fáshon*	moda, estilo
fast	*fast*	ayuno, rápido
fasten	*fásen*	apretar, sujetar
fat	*fat*	gordo, manteca
fate	*féit*	destino, suerte
father	*fader*	padre
fault	*folt*	falta, culpa, desliz
favor	*féivor*	favor, favorecer
fear	*fiar*	temor, temer
feather	*fichu'r*	rasgo, carácter
February	*februari*	febrero
fee	*fi*	honorarios, propina
feeble	*fiibe'l*	débil, inclinar
feeling	*fiiling*	sentimiento
fellow	*félou*	compañero, socio
fellowship	*féloship*	asociación, beca
felt	*felt*	fieltro
female	*fiimeil*	femenino, hembra
feminine	*féminin*	femenino
fence	*fens*	cerca, valla
fertile	*féertail*	fértil
fever	*fíver*	fiebre
fiancé	*fiansé*	novio, novia
fiber	*faiber*	fibra
fiction	*ficshon*	ficción
field	*fiild*	campo
fight	*fait*	pelea, combate
file	*fáil*	lima, archivo
fine	*fáin*	fino, excelente
fine arts	*fáin arts*	bellas artes
finger	*finguer*	dedo
finger nail	*finguer néil*	uña
finish	*fínish*	acabar, terminar
fire	*faier*	fuego, quemar
fireman	*faierman*	bombero
first	*feerst*	primero

Inglés	*Pronunciación*	Español
fish	*fish*	pez, pescado
fisher	*fisher*	pescador
fix	*fix*	fijar, establecer
flag	*flag*	bandera
flame	*fleim*	llama
flat	flat	liso, llano
flavour	*fléivor*	sabor, gusto
flea	*fli*	pulga
flesh	*flesh*	carne, pulpa
flight	*fláit*	vuelo, fuga
floor	*floor*	pavimento, piso
flower	*fláuer*	*flor*
fly	*flai*	mosca
fog	*fog*	niebla
fold	*fould*	pliegue, doblez
follow	*fólou*	seguir
fond	*fond*	afecto a
food	*fud*	alimento
fool	*ful*	tonto, loco, bromear
foot	*fut*	pie
feet	fit	pies
footnote	*futnóut*	llamada, nota al pie
for	*for*	por, para
force	*foors*	fuerza
forehead	*forje'd*	frente
foreign	*fórein*	extranjero (territorio)
foreigner	*fóreiner*	extranjero (sujeto)
forest	*fórest*	selva, bosque
fork	*fórk*	tenedor
form	*form*	forma, figura
fortnight	*fórnait*	quincena
fortunate	*fortuneit*	afortunado
forward	*fóruard*	adelante
foundation	*faundeshon*	fundación
fountain	*faunten*	fuente
fountain pen	*fáunten pen*	pluma fuente
fowl	*fául*	ave
frame	*freim*	marco, armazón
frankly	*fráncli*	francamente
frackle	*fréc'l*	peca, mota
free	*fri*	libre
French	*french*	francés

Inglés	Pronunciación	Español
frequent	frecuént	frecuente
fresco	*fresco*	pintura
fresh	fresh	fresco, nuevo
Friday	*fraid'i*	viernes
fried	*fráid*	frito
friend	frend	amigo, a
friendship	frendship	amistad
fritter	fríter	fritura
frog	froc	rana
from	from	de, desde
front	front	frente
frost	frost	escarcha
frown	fráun	ceño, entrecejo
fruit	fru't	fruta, fruto
fruitful	fru'tful	fértil, fecundo
fry	frai	freír, enjambre
fudge	foedy	charla, embuste
fuel	fiuel	combustible
full	ful	lleno, repleto
full moon	fulmún	plenilunio
fun	fan	broma, chiste
funny	fóni	chistoso, divertido
furnish	férnish	surtir, amueblar
futuro	fiúcher	futuro
further	férder	más allá de

— G —

gaiety	*guéietí*	alegría, júbilo
gaily	*guéili*	alegremente
gain	*guéin*	ganar, lograr
gallery	*gáleri*	galería, balcón, colección
gambler	*gámbler*	jugador, tahur
gambling	*gámbling*	juego (dinero)
game	*guéim*	juego por deporte, caza
garden	*gárden*	jardín, huerto
gardener	*gardener*	jardinero
gardenia	*gardmia*	gardenia
garment	*garment*	vestuario
gas	*gas*	gas, gasolina

92

Inglés	Pronunciación	Español
gas station	gas steishon	gasolinera
gasoline	gásolin	gasolina
gate	guéit	puerta, barrera
gather	gader	reunir, coger
gay	guéi	alegre, festivo
gee	chi	¡caramba!
gender	chender	género gramatical
general	chéneral	general
genius	chinius	genio
gentle	chent'l	gentil, suave
gentleman	chentelman	caballero
gentleness	chéntelnes	dulzura, urbanidad
gently	chéntli	dulcemente
genus	chinos	género biológico
german	chérman	alemán
gerund	chérund	gerundio
gesture	yéschur	gesto, ademán
get	guet	conseguir, obtener
ghost	góust	espectro
giant	cháiant	gigante
gift	guift	regalo, don
gipsy	chípsi	gitano, a
girl	guerl	muchacha
give	guiv	dar
glad	glad	alegre, gozoso
glance	glans	mirada, vistazo
glass	glas	vidrio, vaso, copa
glove	glov	vidrio, vaso, copa
glue	glu	cola de pegar
go	gou	ir
goal	gol	meta
goat	gout	cabra
God	got	Dios
godchild	gódchail	ahijado, a
goddess	gódes	diosa
godfather	godfáder	padrino
godmother	godmoder	madrina
godson	gódson	*ahijado*
gold	gould	oro
good	gud	bueno
goodness	gútnes	bondad
goose	gus	ganso

Inglés	Pronunciación	Español
geese	*guis*	gansos
Gospel	*góspel*	Evangelio
gossip	*gósip*	chisme, hablilla
goulash	*gulásth*	guisado húngaro
govern	*góvern*	gobernar
government	*góvernment*	gobierno
governor	*góvernor*	gobernador
vown	*gaun*	túnica, bata
grace	*greis*	gracia
grain	*grein*	grano, cereal
gracious	*gréishus*	benigno, gracioso
grade	*gréid*	grado
graduate	*grádiueit*	graduado
grammar	*grámar*	gramática
grand	*grand*	grande, grandioso
grandchild	*grandchail*	nieto, a, os
granfather	*grandfader*	abuelo
grandmother	grandmoder	abuela
grant	*grant*	conceder, donar, garantizar
grape	*greip*	uva, vid
grapefruit	*greipfru't*	toronja
grass	*gras*	césed, pasto
grateful	*greitful*	agradecido
gratitude	*grátitiud*	gratitud
grave	*gréiv*	tumba, sepulcro
gravy	*gréivi*	salsa, jugo
gray	*grei*	gris
gray-haired	*grei-jaired*	cano, canoso
grease	*gris*	grasa, engrase
great	*gréit*	grande, admirable
greek	*grik*	griego
green	*grin*	verde
greet	*grit*	saludar
greyhound	*greijáund*	galgo
grief	*grif*	pesar, dolor
grill	*gril*	asar (parrilla)
grillroom	*grilrúm*	restaurante
grip	*grip*	apretón, agarro
grocer	*gróser*	tendero de ultramarinos
groggy	*grógui*	que se tambalea
ground	*gráund*	tierra, suelo

Inglés	Pronunciación	Español
ground floor	grándflor	bajos, entresuelo
ground	graund	triturado, molido
group	grup	grupo
growth	grouz	crecimiento
guava	guava	guayaba
guess	gues	conjetura, sospecha
guest	guest	huésped
guide	gaid	guía, guiar
guidance	guídans	dirección
guidebook	gaidbúk	guía de viajeros
guilt	guilt	delito, culpa
guilty	guilti	reo, delincuente
gulf	golf	golfo
gun	gon	pistola, fusil
gunshot	gonshot	disparo
guy	gái	tipo, sujeto

— H —

habit	jábit	costumbre, vestido
hair	jéar	cabello
hairbrush	jearbrush	cepillo de cabeza
hairdresser	jeardréser	peluquero
hairpin	jearpín	horquilla de pelo
Haitian	jéitian	haitiano
half	jaf	mitad
ham	jam	jamón
hammer	jamer	martillo
hammock	jámoc	hamaca
hand	jand	mano
handbook	janbúk	manual, guía
handful	janful	puñado
handicap	jándicap	obstáculo
handkerchief	jankerchif	pañuelo
handle	jand'l	tocar, manejar
handling	jandling	manejo
handsome	jánsom	hermoso
handwriting	jánráiting	escritura a mano
handy	jándi	manual, manejable
hang	jang	colgar
hanger	janguer	gancho de ropa

Inglés	Pronunciación	Español
hanging	janguing	colgadura
happen	jápen	suceder
happy	jápi	feliz
harbor	járbor	puerto, asilo
hard	jard	duro, difícil
harm	jarm	daño, perjuicio
harmony	jármoni	armonía
harsh	jarsh	agrio, áspero
harvest	járvest	cosecha, siega
haste	jéist	prisa
hasten	jásten	acelerar, activar
Hasty	jéisti	apresurado
hat	jat	sombrero
hate	jéit	odio, odiar
hay	jeí	paja, heno
hay fever	jéi fiver	fiebre del heno
head	jé'd	cabeza
headhache	je'déic	jaqueca
heading	je'ding	encabezado
health	jelz	salud
healthy	jelzti	saludable, sano
heap	jip	montón, amontonar
hear	jíar	oír, enterarse de
hearer	jiarer	oyente
hearsay	jiarséi	rumor
heart	jart	corazón
heartbroken	jartbrouk'n	acongojado
hearty	járti	sincero, cordial
heat	jiit	calor, vehemencia
heaven	jeven	cielo
Heavily	jévili	pesadamente
heel	jil	talón, tacón
height	jáit	altura, cima
hell	jel	infierno
help	jelp	ayuda, ayudar
helpless	jélples	desamparado, desvalido
hen	jen	gallina
her	jer	su (de ella)
herb	jerb	hierba
here	jíar	aquí
herewith	jiaruíz	adjunto, con esto
hero	jiro	héroe

Inglés	Pronunciación	Español
heroine	*jéroin*	heroína
high	*jái*	alto, superior
highway	*jaiuéi*	camino real, carretera
hill	*jil*	cerro, colina
himself	*jimsélf*	sí mismo
hint	*jint*	insinuar, sugerir
hip	*jip*	cadear
hire	*jáier*	*alquilar, rentar*
is	*jis*	su (de él)
history	*jistori*	historia
hit	*jit*	golpe, golpear
hobby	*jóbi*	manía, afición
hole	*joul*	hoyo, agujero
holiday	*jólidéi*	día festivo
hollow	*jolou*	vacío, hueco
holy	*joli*	santo, sagrado
home	*joum*	casa, hogar
homesick	*joumsic*	nostálgico
honest	*jónest*	honrado, honesto
honey	*jónei*	miel, mi vida, amorcito
honeymoon	*joneimún*	luna de miel
honor	*ónor*	honor, honra
honorable	*ónorab'l*	honorable
hood	*jud*	capucha, caperuza
hook	*juk*	anzuelo, gancho
hope	*joup*	esperanza
hopeful	*joupful*	esperanzador, prometedor
hopeless	*jouples*	sin esperanza
horn	*jorn*	cuerno
horrible	*jórrib'l*	horrible
horse	*jors*	caballo
horseback	*jorsback*	a caballo
horsepower	*horspouer*	caballo de fuerza
hospital	*jóspital*	hospital
host	*jost*	anfitrión, hospedero
hot	*jot*	cálido, caliente
hour	*áuar*	hora
house	*jaus*	casa
housing	*jausing*	alojamiento
how	*jau*	cómo
however	*jauéver*	sin embargo

Inglés	Pronunciación	Español
human	*jiúman*	humano
humor	*jiúmor*	humor
hunger	*jánguer*	hambre
hurricane	*jorrikéin*	huracán
hurry	*jórri*	apresurar
hurt	*jert*	herir, dañar
husband	*jósband*	marido, esposo
hygiene	*jaichin*	higiene
hyphen	*háifen*	guión ortográfico
hungry	*jeungri*	hambriento

— I —

I	*ai*	yo
ice	*áis*	hielo
ice box	*áis box*	refrigerador
ice cream	*áis crim*	helado
idea	*aidia*	idea
if	*if*	si
ideal	*aidial*	ideal
idiom	*idiom*	idioma
idiot	*idiot*	idiota
idle	*aid'l*	ocioso, desocupado
idol	*áidol*	ídolo
ignorance	*ígnorans*	ignorancia
ignore	*ignór*	desconoce, pasar por alto
ill	*il*	enfermo
illegal	*illígal*	ilegal
illness	*ilnes*	enfermedad
illuminate	*illúmineit*	iluminar, alumbrar
illustrate	*ilostreit*	ilustrar
imagination	*imagineishon*	imaginación
imitate	*imiteit*	imitar
inmediate	*imídieit*	inmediato
inmigrant	*imigran*	inmigrante
immobilize	*imobiláis*	inmovilizar
impatient	*impéishent*	impaciente
impel	*impél*	impeler, impulsar
imperfect	*impérfect*	imperfecto
imply	*implái*	significar, querer decir

Inglés	Pronunciación	Español
impolite	*impoláit*	mal educado
import	*impórt*	importar
important	*impórtant*	importante
impossible	*impósib'l*	imposible
impression	*impresshón*	impresión
improper	*impróper*	impropio
improve	*imprúv*	mejorar, progresar
improvement	*imprúvment*	mejora, mejoramiento
impulse	*Impals*	impulso
inactive	*ináctiv*	inactivo
inapreciable	*inapríshiab'l*	inapreciable
incapable	*inkeipab'l*	incapaz
in	*in*	en, dentro
inch	*inch*	pulgada
incident	*insident*	incidente
incline	*inclain*	inclinar, ladear
include	*incliúd*	incluir, comprender
income	*incám*	renta, ingreso
income tax	*incám tacs*	impuesto sobre la renta
incomplete	*incomplit*	incompleto
inconvenient	*inconvinient*	inconveniente
incorrect	*incorréct*	incorrecto
increase	*incrís*	aumento, acrecentamiento
increment	*increment*	incremento
indeed	*indíd*	verdaderamente, en realidad
indefinite	*indéfinit*	indefinido
independence	*indepéndens*	independencia
indian	*índian*	indio
indicate	*indikéit*	indicar
individual	*individyual*	individual, sólo, único
indoors	*indóors*	bajo techado
inexact	*inecsáct*	inexacto
inform	*infórm*	informar, avisar
information	*informeichon*	información
injury	*ínchuri*	daño, mal, agravio
ink	*ink*	tinta
inn	*in*	posada, fonda
inner	*íner*	interior
inquiry	*incuári*	pregunta, indicación
inside	*insáid*	interior, interno

99

Inglés	Pronunciación	Español
insect	*inséct*	insecto
insist	insist	insistir
instance	*instans*	ejemplo, instancia
instead	*ínste'd*	en lugar de
instrument	instrument	instrumento
insurance	inshurans	seguro, fianza
intend	*inténd*	intentar, proponer
interést	ínterest	interés, provecho
interesting	interésting	interesante
interior	*intírior*	interior
interpreter	*intérpreter*	intérprete
interview	*interviu*	entrevista
introduce	*introdiús*	introducir, presentar
invention	*invénshon*	invención
investigate	*invéstigueit*	investigar
investment	*invéstment*	investidura
invitation	*inviteishon*	invitación
invite	*Inváit*	invitar, instar
invoice	*invois*	factura
Irish	*áirish*	irlandés
iron	*áiron*	hierro, plancha
island	*áiland*	isla
issue	*ishu*	salida, edición, tirada
Italian	*itálian*	italiano
itinerary	*aitinerari*	itinerario
ívory	*áivori*	marfil
ivy	*áivi*	hiedra
it	*it*	ello, ella, os, as
its	*its*	su (de ello, a)
itself	*itsélf*	él mismo, ella misma
jacket	*yáquet*	saco, chaqueta
jail	*chéil*	cárcel
January	*chaniuari*	enero
jaw	*chou*	quijada, mandíbula
jelly	*cheli*	jaletina
jew	*chiu*	judío
jewel	*chiuél*	joya
jeweler	*chiueler*	joyero
jewess	*chiues*	judía
job	*chob*	empleo, trabajo
join	*chóin*	juntura, juntar
joke	*chóuc*	broma, chiste

100

Inglés	*Pronunciación*	Español
joker	*chóker*	bromista
journal	*chóurni*	*jornada*
joy	*chói*	alegría, placer
joyous	*chóius*	alegre, feliz
judge	*chach*	juez, juzgar
judgement	*cháchment*	Juicio, fallo
juice	*chus*	jugo
juicy	*chusi*	jugoso
jump	*champ*	salto, brinco, saltar, brincar
June	*chunn*	justo, exacto, justamente, apenas
justice	*chóstis*	justicia
justify	*chóstifai*	justificar
juvenile	*chóv'nil*	juvenil

— K —

keel	*kil*	quilla
keen	*kin*	agudo, listo, penetrante
keep	*kip*	mantener, guardar, cuidar
kettle	*kétel*	marmita, tetera
key	*ki*	llave, clve, tecla
keyboard	*kibór'd*	teclado
kevhole	*kijoul*	ojo de la cerradura
kick	*kic*	puntapié, coz
kid	*kid*	cabrillo, chiquillo
kidnap	*kidnap*	plagiar, secuestrar
kidnapper	*kidnáper*	robachicos
kidney	*kidni*	riñón
kill	*kil*	matar, asesinar
killer	*kiler*	matador, asesino
kin	*kin*	pariente
kind	*káind*	bueno, amable, clase, calidad
kindly	*káindli*	bondadosamente
kindness	*káindness*	benevolencia
kink	*kink*	ojal, coca
kinky	*kinki*	formar cocas u ojales
kiss	*kis*	beso, besar

101

Inglés	Pronunciación	Español
kitchen	kítchen	cocina
kitten	kíten	gato pequeño
kitty	kíti	minino
knee	ni	rodilla
kneecap	nícap	rótula
knife	náif	cuchillo
knight	náit	paladín, caballero
knit	nit	tejer
knock	nok	golpear, chocar, llamar (puerta)
knot	not	nudo, lazo
knotty	nóti	nudoso
knowledge	nólech	conocimiento
knuckle	nók'l	coyuntura, nudillo

— L —

labor	léibor	trabajo, trabajar
lace	léis	encaje, cinta, listón
lack	lac	falta, carencia
lad	lad	jovenzuelo, mocito
ladder	láder	escalera, escala
lading	léiding	cargamento
lady	léidi	señora
lake	léik	lago
lamb	lam	cordero
lame	láim	lisiado, cojo
lament	lamént	lamento
lamp	lamp	lámpara, farol
lamp shade	lamp sheid	pantalla
land	land	tierra, suelo
landholder	lanjólder	terrateniente
landing	lánding	descansillo, rellano
landlady	landléidi	propietaria
landlord	landlórd	propietario
landscape	landskéip	paisaje, perspectiva
lane	léin	senda, vereda
language	lángüech	lengua, idioma
lank	lanc	delgado, flaco
lanky	lánki	larguirucho
lap	lap	falda, regazo

Inglés	Pronunciación	Español
lapel	lapél	solapa
lard	lard	manteca (cerdo)
large	larch	grande, amplio
lash	lash	látigo, laigazo
lass	las	muchacha
last	last	último, pasado, fin
lasting	lásting	duradero
latch	lach	cerrojo, aldaba
late	léit	tarde, tardío
latest	léitest	lo más reciente
lather	láder	espuma de jabón
latter	láter	posterior, reciente
laugh	laf	risa
launch	lánch	botar al agua, lancha
launder	lánder	lavar ropa
launderer	lánderer	lavadero
laundry	lóndri	lavandería
law	lóo	ley, derecho
lawn	lon	prado, césped
lawyer	lóyer	abogado
lazily	léisili	perezosamente
lazy	léisi	perezoso
lead	led	plomo, grafito
lead	lid	mando, dirección
leader	líder	guía, dirigente
leaf	lif	hoja de árbol
league	lig	liga, sociedad
leak	lik	gotera, escape
lean	lin	apoyarse, inclinarse
lease	lis	arriendo, rentar
learning	léerning	aprendiendo, erudición
least	list	mínimo, lo menos
leather	léder	cuero
leave	liv	licencia, permiso, salir, partir
leaving	living	partida
lecture	lecchor	lectura
left	lef	izquierda, salido
leg	leg	pierna
legation	leguéishon	legación
lemon	lémon	limón
lemonade	lémoneid	limonada

103

Inglés	Pronunciación	Español
lend	lend	prestar
lenght	lengz	longitud, largo
less	les	menos
lesson	léson	lección
let	let	permitir, dejar, arrendar
letter	léter	carta
letterhead	léterje't	membrete
lettuce	létus	lechuga
level	lével	nivel, plano
liable	láiab'l	sujeto responsable
liar	láier	mentiroso
liberty	liberti	libertad, licencia
library	laibrari	biblioteca
liscence	láisens	licencia, autorización
lick	lic	lamer, absorber
lid	lid	tapa, párpado
lie	lái	yacer, recostarse
lie	lái	mentira, embuste
life	láif	vida
lift	lift	alzar, levantar, ascensor
light	láit	luz, ligero
like	láik	parecido, semejante
lime	láim	cal, limero
limit	límit	límite
limited	límited	limitado, a
line	láin	línea, renglón
lined	láined	rayado, forrado
linen	línen	lino, ropa íntima o de casa
lining	láining	forro
link	linc	eslabón
lion	láion	león
lip	lip	labio
liquid	lícuid	líquido
list	list	lista, inscribir
listen	lísten	escuchar
liter	líter	litro
litter	líder	litera, desorden
little	lit'l	poco, pequeño
live	láiv	vivo, viviente, vital

104

Inglés	Pronunciación	Español
living	living	modo de vida, mantenimiento
living room	livinrún	recibidor, sala
loaf	lóuf	pieza de pan
loan	lóun	préstamo, empréstito
lock	lok	chapa, cerradura
locker	lóker	gaveta, cajón
lodge	lóch	dar albergue, hospedaje
log	lóun	solitario, solo
loneliness	lounliness	soledad
long	long	largo, remoto
look	luk	mirada, mirar
loose	lus	pérdida
lost	lost	perdido, a
loud	láud	ruidoso, sonoro
loudly	láudli	en alta voz
lounge	láunch	lugar de descanso, canapé
louse	láus	piojo
love	lav	amor, amar
lovely	lov'li	amable, atractivo
low	lóu	bajo, módico, vil
luck	loc	suerte, dicha
lucky	lóki	afortunado
luggage	lóguech	equipaje, bagajes
lukewarm	lucuórm	tibio, indiferente
luch	losh	jugoso, apetitoso
mama	máma	mamá
machine	mashín	máquina, vehícul
machinery	mashíneri	maquinaria
mad	mad	loco, excitado
magic	máchic	magia, mágico
magician	machísian	mago, ilusionista
magnify	mágnifai	aumentar, ensanchar
mahogani	majogani	caoba
maid	méid	doncella, criada
mail	méil	doncella, criada
main	méin	principal, preponderante
mainland	méinland	tierra firme
maintain	meintéin	mantener
majestic	máchestic	majestuoso

Inglés	Pronunciación	Español
major	*máchor*	mayor, más grande
malaria	*maléria*	paludismo
male	*méil*	macho, varón
man	*man*	hombre
manage	*mánech*	manejar, dirigir
mankind	*mánkain*	género humano
manlu	*mánli*	varonil, viril
manner	*máner*	manera, modo
many	*meni*	muchos, as
map	*map*	mapa
marble	*márb'l*	mármol
March	*marsh*	marzo
mark	*marc*	marca, señal
market	*márket*	mercado
marriage	*márrech*	casamiento
masculine	*máskiulin*	masculino
mass	*mas*	misa, masa
master	*máster*	maestro, amo, patrón
masterpiece	*masterpís*	obra maestra
mat	*mat*	estera
match	*mach*	partido, juego
matter	*máter*	materia, asunto
mattress	*mátres*	colchón
may	*méi*	poder, ser posible
May	*méi*	mayo
maybe	*méibi*	acaso, quizá
may be	*mei bi*	puede ser
me	*mi*	me, mí
meal	*miil*	comida
mean	*min*	modesto, mediano mezquino
measure	*meshur*	medida
meat	*miit*	carne
medical	*médical*	medicinal
means	*mins*	medios
meaning	*míning*	significado
medal	*médal*	medalla
meantime	*mintáim*	mientras tanto
medicine	*médisin*	medicamento
medium	*mídium*	medio, expediente, medium
meeting	*mítin*	reunión, cita

106

Inglés	Pronunciación	Español
melody	*mélody*	melodía
memory	*mémori*	memoria
melt	*melt*	disolver, ablandar
member	*mémber*	miembro
mend	*mend*	remendar, componer
mention	*ménchon*	mención, alusión
merchant	*mérchant*	comerciante
merry	*mérri*	alegre, gozoso
mesh	*mesh*	malla, red
mess	*mes*	confusión, desarreglo, desorden
message	*mésech*	mensaje, recado
metal	*métal*	metal
meter	*míter*	metro
mice	*máis*	ratón en plural
midday	*middéi*	mediodía
middle	*míd'l*	medio, intermedio
middel-aged	*mid'l-eched*	mediana edad
Middel-Ages	*mid'l-eichs*	Edad Media
midnight	*midnáit*	media noche
mighty	*máiti*	potente, enorme
mild	*máild*	moderado, leve
mile	*máil*	milla
military	*militari*	militar
milk	*milk*	leche, ordeñar
milkman	*milkmán*	lechero
mill	*mil*	molino, taller
milliner	*míliner*	modista
mind	*máind*	atender, hacer caso
mine	*main*	mío, a, os, as
mine	*main*	mina
miner	*mainer*	minero
ministry	ministri	ministerio
minor	*máinor*	menor, inferior
minister	*mínister*	ministro
minus	*máinus*	menos
minute	*minet*	minuto
miracle	*mirak'l*	milagro
mirror	*míror*	espejo
misbehave	misbijéiv	mal proceder
misplace	mispléis	extravío
miss	*mis*	señorita

107

Inglés	Pronunciación	Español
miss	*miss*	errar, desacertar, llegar tarde
mist	*mist*	niebla, neblina
misunderstand	*misánderstand*	comprender mal
mixed	*mikst*	mezclado
model	*módel*	modelo
modern	*módern*	moderno
moment	*móument*	momento
Monday	*mándei*	lunes
money	*monei*	dinero
mood	*mud*	ánimo, humor, modo
moon	*mun*	luna
moonlight	*munláit*	luz de luna
month	*monz*	mes
more	*moor*	más
morning	*morning*	mañana
most	*most*	lo más, los más
mostly	*moustli*	principalmente, mayor
moth	*moz*	polilla
mother	*moder*	madre
motion	*móshon*	movimiento, además
mountain	*máunten*	montaña
mouth	*máuz*	boca
move	*muuv*	movimiento
much	*mách*	mucho, a
mud	*mod*	lodo, barro, fango
mule	*miúl*	mula
muscle	*moscl*	músculo
museum	*miusíum*	museo
music	*miúsic*	música
musician	*miusishan*	músico
mustard	*móstard*	mostaza
mute	*miút*	mudo, a
mystery	*místeri*	misterio
my	*mai*	$mí, mis
myself	*maisélf*	yo mismo

— N —

naif	*naif*	cándido
nail	*neil*	uña, clavo

Inglés	Pronunciación	Español
naked	*néiked*	desnudo, indefenso
name	*néim*	nombre
nap	*néip*	siesta, pelusa
napkin	*nápkin*	servilleta
narrate	*narréit*	narrar
narrator	*narréitor*	narrador
narrow	*narou*	angosto, estrecho
nasty	*násti*	sucio, repulsivo
nation	*néishon*	nación
native	*nétiv*	nativo
natural	*néchural*	natural
naughty	*nóti*	perverso, pícaro
navy	*néivi*	marina de guerra
near	*níar*	cerca
nearly	*níarli*	próximamente
nearsighted	*niarsáited*	miope
neat	*nit*	neto, pulcro, limpio
necessary	*nécesari*	necesario
neck	*nek*	cuello, pescuezo
need	*nid*	necesidad, necesitar
needle	*nid'l*	aguja
negro	**nigro**	de raza negra
neighbor	*néibor*	vecino
nephew	*néfiu*	sobrino
nerve	*nerv*	nervio
nervous	*nérvos*	nervioso
nest	*nest*	nido
net	*net*	*red, malla*
never	*néver*	nunca
nevertheless	*néverdelés*	no obstante
new	*niú*	nuevo, fresco
news	*niús*	noticias
night	*náit*	noche
nice	*náis*	fino, delicado, grato
nickel	*níkel*	níquel, moneda chica
niece	*nis*	sobrina
night gown	*naitgaun*	camisa de noche
no	*no*	no, ninguno
noise	*noiz*	ruido
noiseless	*noizles*	sin ruido
none	*nóun*	nadie, ninguno
nor	*nor*	ni
normal	*nórmal*	normal

Inglés	*Pronunciación*	Español
North	*norz*	norte
Norweigian	*noruichian*	noruego
nose	*nous*	nariz
nostril	*nóstril*	fosa nasal
not	*not*	no
note	*nóut*	nota, marca
notebook	*nóutbuc*	libreta
nothing	*nózing*	nada
notice	*nóutis*	noticia, observación
November	*novémber*	noviembre
now	*náu*	ahora
number	*nómber*	número
nurse	*nérs*	enfermera, niñera
nut	*nat*	nuez

— O —

oatmeal	*óutmil*	harina de avena
obedience	*obídiens*	obediencia
obedient	*obídient*	obediente
obey	*obéi*	obedecer
object	*óbchet*	objeto
objector	*obchector*	objetor
oblige	*obláich*	obligar
observe	*obsérv*	observar
observation	*observeishon*	observación
October	*octóuber*	octubre
obstacle	*óbstac'l*	obstáculo
obtain	*obtéin*	obtener
obvious	*óbvius*	obvio
occasion	*okeishon*	ocasión
occupied	*ókiupai*	ocupado
occupy	*ókiupai*	ocupar
of	*of*	de
off	*of*	fuera, lejos
offer	*ófer*	oferta
offend	*ofénd*	ofender
offense	*oféns*	ofensa
office	*ófis*	oficina
officer	*ófiser*	oficial, empleado
often	*óf'en*	a menudo

Inglés	Pronunciación	Español
oil	óil	aceite
old	óuld	viejo
omit	omit	omitir, suprimir
olive	óliv	aceituna
on	on	sobre, en
onion	ónion	cebolla
only	óunli	sólo, único
open	oupen	abrir, abierto
open air	oupen éar	aire libre
operation	opereishon	operación
opinion	opínion	opinión
opposite	óposait	opuesto
or	or	o
oral	óral	oral
orange	óranch	naranja
organization	organiseishon	organización
original	oríchinal	original
ornament	órnament	ornamento
orphan	órfan	huérfano
other	oder	otro, a, os, as
our	aut	fuera, hacia fuera
outer	auter	exterior, externo
outside	autsáit	afuera, exterior
oven	óv'n	horno
over	ouver	encima, acerca de
overcharge	overchárch	recargo, exceso
overcoat	overcout	sobretodo
overlook	overluk	pasar por alto, desatender
overseas	oversis	ultramar
owe	ou	deber, adeudar
own	óun	propio
owner	óuner	propietario

— P —

package	pakech	paquete, bulto
packing	páking	empaque, embalaje
page	peich	página
pain	péin	dolor, doler
painful	péinful	penoso, doloroso

Inglés	Pronunciación	Español
paint	péint	pintar, pintura
painter	péinter	pintor
pair	péar	par
pale	péil	pálido
palm	pa'm	palma, palmera
pan	pan	cazuela, cazo
pantry	pántri	despensa
paper	péipar	papel
parachute	párashut	paracaídas
parade	paréid	desfile
parallel	páralel	paralelo
paragraph	páragraf	párrafo
parcel	pársel	paquete
parcel post	pársel post	paquete postal
pardon	párdon	perdón
park	park	parque, estacionar
parlor	párlor	sala de recibo
parson	párson	párroco
part	part	parte
participate	partísipeit	participar
passenger	pásencher	pasajero, viajero
past	past	pasado
paste	péist	goma, engrudo
patience	péshens	paciencia
payment	péiment	pago
peace	piis	paz
peach	pich	durazno
peanut	pinot	cacahuate
pear	péar	pera
peel	pil	mondar, pelar
pen	pen	pluma
pencil	pénsil	lápiz
pending	pénding	pendiente, durante
penny	peni	penique
penthouse	pentjáus	estudio en la azotea
pepper	péper	pimienta
perfect	pérfect	perfecto
perhaps	perjáps	quizá
period	píriod	período, punto
permission	permishon	permiso
permit	permit	permitir
person	pérson	persona

112

Inglés	*Pronunciación*	Español
personal	*pérsonal*	personal
Peruvian	*perúvian*	peruano
pharmacy	*fármasi*	farmacia
phone	*fóun*	teléfono
phrase	*fréis*	frase
physical	*físical*	físico
pickle	*pic'l*	adobo, encurtido
picture	*pikcher*	cuadro
pie	*pái*	pastel
piece	*pis*	pedazo, pieza
pig	*pig*	cerdo
pillow	*pilou*	almohada
pin	*pin*	alfiler
pinch	*pinch*	pellizco, pellizcar
pine	*páin*	pino
pink	*pink*	color rosa
pipe	*páip*	pipa, tubo, caño
pity	*píti*	piedad, lástima
place	*pléis*	plaza
plain	*pléin*	llano, sencillo
pocket	*póquet*	bolsillo
plane	*plein*	cepillo de carpintería
plant	*plant*	planta
play	*plei*	juego, espectáculo
please	*plis*	por favor
pleasure	*pleishiur*	placer
plough	*plauf*	arado
point	*póint*	punto, punta
poison	*póison*	veneno
police	*polis*	policía
policeman	*polísman*	agente, gendarme
polish	*polish*	lustre, cortesía
political	*political*	político
poor	*puor*	pobre
porter	*pórter*	portero, mozo
position	*posishon*	posición
possible	*posib'l*	posible
pot	*pot*	olla
potato	*poteito*	patata, papa
powder	*páuder*	pólvora, polvo
present	*présent*	regalo
price	*prais*	precio

Inglés	*Pronunciación*	Español
print	*print*	impreso, impresión
private	*praiv't*	privado
probable	*probab'l*	probable
process	*próuces*	proceso
produce	*prodius*	producto
profit	*prófit*	ganancia
property	*próperty*	propiedad
prose	prouse	prosa
protest	*prótest*	protesta
public	*poeblik*	público
pull	*pul*	tirón
pump	*pamp*	bomba
pinishment	*punishment*	castigo
purpose	*pérpes*	propósito
push	*push*	empujón
put	*put*	poner

— Q —

quality	*cuóliti*	calidad
question	*cueshon*	pregunta, interrogación
quick	*cuik*	rápido
quiet	*cuáiet*	quieto, sosegado
quite	*cuáit*	por completo, enteramente

— R —

rabbit	*rábit*	conejo
race	*réis*	raza, carrera
rail	*réil*	riel
railroad	*réilroud*	ferrocarril
railway	*réiluéi*	camino de hierro
rain	*réin*	lluvia, llover
raincoat	*réincóut*	impermeable
range	*reinch*	serie, fila
rare	*réar*	raro, carne medio
rat	*rat*	rata
rate	*reit*	tasa, medida
rather	*ráder*	más bien

114

Inglés	*Pronunciación*	Español
raw	*ro*	crudo
ray	*rei*	rayo
reach	*rich*	alcanzar
reaction	*riacshon*	reacción
reader	*ríder*	lector
reading	*ríding*	lectura
ready	*rédi*	listo, pronto
rear	*ríar*	posterior, retaguardia
reason	*rison*	razón, causa
receipt	*risit*	recibo
receive	*risiv*	recibir
recent	*risent*	reciente
record	*récord*	registro, marca de atletismo
recover	*ricóver*	recobrar
red	*red*	rojo
reference	*réferens*	referencia
refuse	*refiús*	rehusar, desecho
regard	*regárd*	considerar, concernir
regret	*rigret*	remordimiento
regular	*reguiular*	regular
reject	*rechéc*	rechazar, rehusar
relation	*riléshon*	relación, pariente
relax	*relax*	mitigar, aflojar
relief	*rélif*	alivio, consuelo
religion	*rilíchon*	religión
remain	*riméin*	quedar, permanecer
remark	*rémark*	observación, advertencia
remember	*rimémber*	recordar
remind	*rimáind*	rememorar
remit	*remít*	remitir
renew	*reniú*	renovar
repair	*ripéar*	reparar
repeat	*repit*	repetir
reply	*riplái*	repuesta
report	*ríport*	informe
representative	*répreséntativ*	representante
request	*rícuest*	súplica, petición
respect	*rispect*	respeto, respecto
responsible	*rispónsib'l*	responsable
rest	*rest*	descanso
result	*resólt*	resultar, resultado

Inglés	*Pronunciación*	Español
reward	*riuórd*	premio, recompensa
review	*reviú*	revista, revisión, análisis
rhythm	*rídem*	ritmo
rib	*rib*	costilla
ríbon	*ríbon*	cinta, listón
rice	*rais*	arroz
rich	*rich*	rico, colorido
rid	*rid*	librar, desembarazar
right	*ráit*	justo, recto, derecho
ring	*ring*	anillo, sortija
ripe	*ráip*	maduro, acabado
river	*ríver*	río
road	*róud*	carretera
roast	*róust*	asar, tostar
rock	*roc*	roca
rod	*rod*	varilla, caña de pescar
roof	*ruf*	techo, tejado
room	*rum*	cuarto, pieza
rose	*róus*	rosa, rosal
root	*rof*	áspero, tosco
round	*raund*	redondo
route	*rut*	ruta, vía
row	*rou*	hilera, fila, remar
rode	*rud*	rudo, brusco
rib	*rab*	frotamiento
rug	*rog*	alfombra, tapeta
ruin	*rúin*	ruina, caída
rule	*rul*	regla, mando
run	*ran*	carrera
rush	*rosh*	ímpetu, prisa
rye	*rái*	centeno

— S —

sad	*sad*	triste
sadly	*sádli*	con tristeza
safe	*séif*	seguro
safety	*séifeti*	seguridad
sail	*séil*	vela de barco, vesía
sale	*séil*	venta, barata
salt	*solt*	sal

116

Inglés	Pronunciación	Español
saltcellar	*sóltsélar*	
same	*séim*	mismo, igual
sand	*sand*	arena
sample	*sámp'l*	muestra
Saturday	*sáterdei*	sábado
sauce	*sos*	salsa
saysage	*soséch*	salchicha
save	*séiv*	salvar, guardar
savings	*séivings*	ahorros
say	*séi*	decir
scale	*skel*	escalar, escala
scarce	*skars*	escaso, raro
scarf	*scarf*	chalina, masca
school	*scúul*	escuela
science	*sáiens*	ciencia
scissors	*sizors*	tijeras
scold	*scóuld*	regañar, reprimir
screen	*scrin*	biombo, pantalla
screw	*scrú*	tornillo
sea	*si*	mar
seashore	*sisjór*	playa, orilla
seasick	*sísik*	mareo, marear
season	*sison*	estación del año
seat	*sit*	asiento, silla
second	*sécond*	segundo
secret	*sícrit*	secreto
secretary	*sécretari*	secretario
seed	*sid*	semilla, simiente
see	*si*	ver
seem	*sim*	parecer
seldom	*séldom*	rara vez
selection	*selécshon*	selección
self	*self*	sí mismo
send	*send*	envir, remitir
sense	*sens*	sentido, razón
separate	*sépareit*	separar, separado
September	*septémber*	septiembre
serious	*sírios*	serio
servant	*sérvant*	sirviente
servlce	*sérvis*	servicio
set	*set*	colocar, asentar
sex	*sex*	sexo

Inglés	*Pronunciación*	Español
shadow	*shádou*	sombra, obscuridad
shade	*shéid*	sombra, visillo
shame	*shéim*	vergüenza
sharp	*sharp*	agudo, afilado, cortante
shape	*shéip*	forma, figura
share	*shéar*	repartir, compartir
shave	*shéiv*	rasurar, afeitar
she	*shi*	ella
sheep	*ship*	carnero, oveja
sheet	*shit*	hoja, lámina, sábana
ship	*ship*	barco, nave
shipment	*shípment*	embarque
shirt	*shert*	camisa
shock	*shoc*	golpe, choque
shoe	*shu*	zapato
shop	*shop*	tienda
short	*short*	corto, bajo
show	*shou*	mostrar, enseñar, espectáculo
shower	*shouer*	lluvia, ducha
shut	*shat*	cerrar, cerrado
sick	*sic*	enfermo, deteriorado
sickness	*sicnes*	enfermedad
side	*sáid*	lado, costado
sight	*sáit*	vista, escena
sign	*sáin*	signo, señal, firmar
signature	*signachur*	firma
silence	*sáilens*	silencio
silk	*silc*	seda
silly	*síli*	tonto, tontito
silver	*silver*	plata
simple	*simp'l*	simple
since	*sins*	desde
sing	*sing*	cantar
single	*síngol*	solo, único
sister	*sister*	hermana
size	*sáis*	tamaño, talla
skil	*skil*	habilidad, destreza
skin	*skin*	piel, cutis
skinny	*skini*	flaco
sleep	*slip*	sueño
sleeve	*sliv*	manga

118

Inglés	Pronunciación	Español
slip	slip	resbalón
slice	sláis	rebanada, tajada
slight	sláit	ligero, leve, desaire
slope	sloup	declive, pendiente
slow	slou	lento, tardo
small	smol	pequeño
smash	smash	destrozo, ruptura, fallida
smell	smel	olor, olfato
smile	smail	sonrisa
smoke	smouk	humo
smooth	smúz	suave, liso
sneeze	snís	estornudo, estornudar
snow	snou	nieve
so	so	así, tan, muy
soap	sóup	jabón
society	sosáieti	sociedad
sock	sok	calcetín
soft	soft	blando, suave
solid	sólid	sólido
some	sam	algo, algún
son	son	hijo
son-in-law	soninlo	yerno
song	song	canción
soon	suun	pronto, presto
sort	sort	especie, clase
sorry	sorri	siento, lamento
soul	sóul	alma
sound	sáund	son, sonido
soup	suup	sopa
South	sáuz	sur
space	spéis	espacio, trecho
spade	speid	pala
special	speshal	especial
speech	spich	parlamento, discurso
spit	spit	escupir
spoil	spóil	daño, dañar
sponge	spanch	esponja
spoon	spun	cuchara
spot	spot	sitio, lugar, mancha
spring	spring	primavera, muelle, resorte

Inglés	Pronunciación	Español
square	scuéar	cuadrado, plaza
stage	steich	etapa, escenario
stamp	stamp	timbre, sello
star	star	estrella
start	staart	comienzo, salida, principiar
statement	esteitment	relación, estatuto
station	steishon	estación
steam	stim	vapor
steamer	stimer	buque de vapor
steel	stil	acero
stem	stem	tallo, tronco
step	step	paso, grada, entrada
stick	stick	bastón, palo
stiff	stif	tieso
still	stil	todavía, aún
stich	stik	verso
stocking	stóking	media
stomach	stómak	estómago
stone	stoun	piedra
stop	stop	detención, parada
store	stóor	almacén, depósito
story	stóori	cuento, novela
straight	stréit	derecho, recto
strange	stréinch	extraño
straw	strou	paja
strawberry	strouberri	fresa
street	strit	calle
stretch	strech	extensión, estirar
string	string	cuerda, cordel
strong	stróng	fuerte, robusto
structure	stráccher	estructura
subject	sóbchect	sujeto, materia
substance	sábstans	substancia
subway	subuéi	ferrocaril subterráneo
success	sucés	éxito, triunfo
such	sach	tal
sudden	sáden	súbito
sugar	shúgar	azúcar
suggestion	sachéschon	sugestión
suit	suit	traje, acomodo, convenir

Inglés	Pronunciación	Español
suitcase	*suitkéis*	maleta
Summer	*sámer*	verano
sun	*san*	sol
Sunday	*sándei*	domingo
sunrise	*sónrais*	amanecer
sunset	*sónset*	puesta de sol
support	*sopórt*	apoyo, sostén
sure	*shúer*	seguro
surprise	*sarpráis*	sorpresa
sweet	*suit*	dulce
swim	*suím*	nadar, bogar
system	*sístem*	sistema

— T —

table	*teib'l*	mesa
tablecloth	*teib'cloz*	mantel
tail	*teil*	cola
tailor	*téilor*	sastre
take	*teik*	tomar
talk	*tolk*	hablar, charlar
tall	*tool*	alto
task	*task*	tarea, labor
taste	*téist*	gustar, saborear
tax	*tax*	impuesto
taxi	*taxi*	coche de alquiler
tea	*ti*	té
teacher	*ticher*	profesor, maestro
teaching	*tíching*	enseñanza, instrucción
teapot	*tipót*	tetera
teeth	*tiz*	dientes
tenant	*ténant*	inquilino
tendency	*téndensi*	tendencia
tender	*ténder*	tierno, delicado
term	*term*	término
test	*test*	prueba
than	*dan*	que (comparativo)
that	*dat*	eso, ese, a, que, aquél
theory	*ziori*	teoría
then	*den*	entonces, luego

121

Inglés	*Pronunciación*	Español
their	*deir*	su, suyo, a (más de un poseedor
there	*deer*	ahí, allí, allá
these	*dis*	estos, estas
they	*dei*	ellos, ellas
thick	*zic*	grueso, a
thief	*zif*	ladrón
thin	*zin*	delgado, fino
thing	*zing*	cosa
this	*dis*	este, esta, esto
those	*dóus*	esos, as, aquellos, as
thoug	*zóu*	aunque
thougt	*dou*	pensamiento
thread	*zred*	hilo
throat	*zrout*	garganta
throuh	*zruu*	a través de
thumb	*zamb*	pulgar
thunder	*zánder*	trueno
Thursday	*zéerdsdei*	jueves
ticket	*tíquet*	boleto
thight	*zait*	apretado
tie	*tái*	atar, amarrar, corbata
till	*til*	hasta
time	*táim*	tiempo
tin	*tin*	estaño, lata
tire	*táiar*	cansar, fatigar, llanta
to	*tu*	a, para
toe	*tou*	dedo del pie
together	*tuguéder*	juntos, junto
toilet	*tóilet*	tocador
tomorrow	*tumórou*	mañana
tongue	*tong*	lengua
tonsil	*tónsil*	amígdala
tooth	*tuz*	diente
tothbrush	*tuzbrósh*	cepillo dental
top	*top*	cima, cumbre
touch	*tach*	tacto, tocar
towel	*tóuel*	toalla
tower	*táuer*	torre
town	*táun*	ciudad, pueblo
trade	*tréid*	comercio, trabajo
train	*tréin*	tren, adiestrar

Inglés	Pronunciación	Español
training	tréining	enseñanza, adiestramiento
travel	trável	viajar, viaje
tray	trei	bandeja
treat	trit	tratar, versar sobre algo
tree	tri	árbol
trick	trik	treta, trampa
trip	trip	viaje
trouble	trób'l	dificultad, turbación
truck	trac	camión
true	tru	verdadero
trunk	tronc	tronco, baúl
trust	trost	confianza, consorcio industrial
truth	truz	verdad
try	trái	probar, ensayar
Tuesday	tiúsdei	martes
turn	térn	vuelta, giro
twice	tuáis	dos veces
twist	tuist	torcer, girar
type	táip	tipo, modelo
typewriter	táipwráiter	máquina de escribir
typical	tipical	típico
typest	táipist	mecanógrafo, a

— U —

Inglés	Pronunciación	Español
ugly	ógli	feo
umbrela	ombréla	paraguas
unable	oneib'l	incapaz, inhábil
unaware	onauéar	quien ignora
uncle	ónkel	tío
unclean	onclin	sucio, desaliñado
under	ónder	bajo, debajo
underwear	ónderuéar	ropa íntima
unduly	ondiúli	indebidamente
unfair	onféar	desleal, injusto
unfurnished	iunfernisht	desamueblado
uniform	iúniform	uniforme
unique	iúnic	único

Inglés	Pronunciación	Español
up	ap	arriba, en lo alto
us	as	nos
unkind	ónkáind	falto de bondad
unless	anless	a menos que
unpleasant	onplésant	desagradable
unreliable	onreliab'l	informal, no digno de crédito
unwilling	onuilingg	sin voluntad, reacio
unwise	onuáis	imprudente, indiscreto
upon	opón	sobre, e
upper	óper	superior, arriba
upset	opsét	trastornar, volcar
upstairs	opstéars	*arriba, el piso alto*
use	ius	uso, empleo
useful	iúsful	útil, provechoso
useless	iúseles	inútil, inaprovechable
usual	iusual	usual

— V —

Valley	váli	valle
value	váliu	valor, precio
vary	vé'ri	variar, cambiar
veal	vil	ternera (carne)
vegetable	vecheteib'l	verdura, hortaliza
veil	véil	velo, velar
velvet	vélvet	terciopelo
vendor	véndor	vendedor
very	veri	muy, mucho
vessel	vésel	buque, vaso
vicinity	visíniti	vecindad
view	viú	mirar, ver, vista
violent	váiolent	violento
village	vílech	aldea, pueblo
vinegar	vínegar	vinagre
visit	visit	visita, visitar
vogue	vog	moda
voice	vóis	voz, palabra
vowel	váuel	vocal

waist	*uéist*	cintura, talle
waiter	*uéiter*	camarero de café
waiting	*uéiting*	espera, esperando
walk	*uolk*	paseo, pasear
wall	*uól*	pared
war	*uor*	guerra
warm	*uórm*	caluroso
warn	*uarn*	avisar
warning	*uarning*	advertencia
wash	*uash*	lavado, lavar
waste	*uéist*	malgastar
watch	*uóch*	reloj de bolsillo, vigilar
water	*uater*	agua
wave	*uéiv*	ola, onda
wax	*uacs*	cera
way	*uéi*	vía, camino
we	*ui*	nosotros, as
weather	*ueder*	tiempo
wedding	*uéding*	boda
weight	*uéit*	peso
well	*uél*	verter, manar, pozo, fuente
well	*uél*	bien, bueno, ¡vaya!
west	*uest*	oeste
wet	*uet*	mojado, húmedo
while	*uáil*	mientras
what	*juot*	qué, cuál
wheel	*juil*	rueda
when	*juen*	cuando
where	*juear*	donde
which	*juich*	que, el cual
whip	*juip*	látigo, azote
whistle	*juist'l*	pito, silbido
white	*juait*	blanco
who	*ju*	quien, el que
whom	*juum*	a quien, es
whose	*jus*	de quien, es
why	*juai*	¿por qué?

Inglés	*Pronunciación*	Español
wide	*uáid*	ancho
will	*uind*	viento
window	*uindou*	ventana
wine	*uain*	vino
Winter	*uinter*	invierno
wire	*uair*	alambre
wise	*uais*	sabio, docto
with	*uiz*	con
without	*uidaut*	sin
woman	*uúman*	mujer
wood	*uud*	pradera, bosque
wool	*uúl*	lana
word	*ueerd*	palabra
work	*uork*	trabajo
worm	*uorm*	gusano
worse	*uors*	malo, peor
writer	*ráiter*	escritor
worst	*uorst*	pésimo, lo peor
writing	*ráiting*	escribiendo, escritura
wrong	*rong*	injuria, daño, error
year	*yiar*	año
yelow	*yélou*	amarillo
yes	*ies*	sí
yesterday	*iesterdéi*	ayer
you	*yu*	usted, tú
young	*yong*	joven
your	*yuar*	suyo, vuestro, de usted (es)

RECIBIENDO INVITADOS

My cousins are coming to dinner this evening.
Mai cosins ar coming tu diner zis ivening.
Mis primos vienen a cenar esta noche.

I shall take out an embroidered table-cloth.
Ai shel teik aut en embroiderd teibel-cloz.
Sacaré un mantel bordado.

And profiting, I shall put on muy good dinner set.
End profiting, Ai shell put on mai gud diner set.
Y aprovechando, pondré mi buena vajilla.

It is hand-painted porcelain.
It is jend-peinted porcelein.
Es de porcelana pintada a mano.

It comes originally from England.
It coms originali from Inglend.
Viene originalmente de Inglaterra.

I is pleasant to see a well-set table.
It is plesent tu si ei uel-set teibel.
Es agradable ver una mesa bien puesta.

I shall also put flowers in a flower vase.
Ai shell olso put flauers in ei flauer vas.
También pondré flores en un florero.

This way all adorned we sit down to eat.
Zis uei ol adornd ui sit daun tu it.
Así todo adornado nos sentamos a comer.

A good bed is important.
Ei gud bed is important.
Una buena cama es importante.

I like to change sheets often.
Ai laik tu cheinch shits ofen.
Me gusta cambiar las sábanas seguido.

I have a warm blanket on my bed.
Ai jev ei uorm blenket on mai bed.
Tengo una cobija caliente sobre mi cama.

My matress is not hard.
Mai metres is nat jard.
Miolchón no es duro.

My pillows are soft.
Mai pilous ar soft.
Mis almohadas son suaves.

I rest very well in bed.
Ai rest veri uel in bed.
Descanso muy bien en la cama.

I have a large bed-room.
Ai jev ei larch bed-rum.
Tengo una recámara grande.

The furniture in it is comfortable.
Di fernitiur in it is comfortebel.
Los muebles en ella son cómodos.

I have there two pretty lamps.
Ai jev zer tu priti lemps.
Tengo allí dos lámparas bonitas.

One hangs from the ceiling.
Uan jengs from di siling.
Una cuelga del techo.

The other one is on the night-table.
Zi ozer uan is on zdi nait-teibel.
La otra está sobre la mesa de noche.

The window of the bedroom gives out on the garden.
Di uindou of zdi bedrum givs aut on zdi garden.
La ventana de la recámara da al jardín.

Through so much light I have thick curtains.
Zru sou moch lait Ai jev zik couertens.
Por tanta luz tengo cortinas gruesas.

I has the disadvantage of the stairs.
It jes di disadventech of di steirs.
Tiene la desventaja de la escalera.

Continuously one gets up or down the stairs.
Continiuousli uan gets ap or daun di steirs.
De continuo se sube y se baja la escalera.

Nonetheless the house has its advantages.
Nonziles di jaus jes its adventaches.
Sin embargo, la casa tiene sus ventajas.

The kitchen is modern and functional.
Zdi kitchen is modern end fonczional.
La cocina es moderna y funcional.

Everithing is painted an ivory color.
Everizing is peinted en aivori color.
Todo está pintado de color marfil.

This makes the house very gay.
Zis meiks zdi jaus veri gei.
Esto hace la casa muy alegre.

I have a new tape recorder.
Ai jev ei niu teip ricorder.
Tengo una grabadora nueva.

It is a Japanese brand.
It is ei Chapanis brand.
Es una marca japonesa.

I use the tape recorder with pleasure.
Ai ius di teip ricorder uiz plesiur.
Uso la grabadora con gusto.

It is an excellent though very small machine.
I is en ekselent zou veri smol mashin.
Es una excelente aunque muy pequeña máquina.

I can even tape concerts on it.
Ai ken iven teip concerts on it.
Hasta puedo grabar conciertos en ella.

I can also do it with television programs.
Ai ken olso du it uiz televizion prougrems.
También lo puedo hacer con programas de televisión.

Tape recorders are really useful.
Teip ricorders ar rili iusful.
Las grabadoras son en verdad útiles.

I have a good collection of records.
Ai jev ei gud coleczion of records.
Tengo una buena colección de discos.

To rest up from work I put on the record player.
Tu rest ap from uerk Ai put on di record pleyer.
Para descansar de mi trabajo pongo el tocadiscos.

I have records of songs from many countries.
Ai jev records of songs from meni kontris.
Tengo discos de canciones de muchos países.

All are very melodious.
Ol ar veri meloudious.
Todas son muy melodiosas.

Songs put one in a good humor.
Songs put uan in ei gud jiumor.
Las canciones lo ponen a uno de buen humor.

And classical music talks to the soul.
End klesical miusik toks tu di soul.
Y la música clásica le habla al alma.

For all these reasons I am happy with the record player.
For ol zis risons Ai em jepi uiz di record pleyer.
Por todas estas razones estoy contento con el
    tocadiscos.

I do not like television too much.
Ai du nat laik televizion tu moch.
No me gusta demasiado la televisión.

I put it on mainly for the news.
Ai put it on meinli for dl nius.
La pongo principalmente para las noticias.

131

I also see sometimes good films from before.
Ai olso si somtaims gud films from bifor.
También veo a veces buenas películas de antes.

In reality one can live without television.
In realiti uan ken liv uizaut televizion.
En realidad se puede vivir sin televisión.

I will go to the University to some lectures.
Ai uil gou tu di Iuniversiti tu som lectiurs.
Voy a ir a la Universidad a unas conferencias.

They will be given by different writers.
Zei uil bi given bai diferent raiters.
Van a ser dadas por distintos escritores.

They will deal about universal literature.
Zei uil dil abaut iuniversal literatiur.
Van a tratar acerca de la literatura universal.

Such lectures are always interesting.
Soch lectiurs ar olueis interesting.
Tales conferencias son siempre interesantes.

Many cultural institutes also give talks.
Meni colchural institiuts olso giv toks.
Muchos institutos culturales también dan pláticas.

But it is necessarry to have an interest.
Bot it is necesari tu jev en interest.
Pero es necesario tener interés.

This way we enjoy what the metropolis offers us.
Zis uei ui enchoi juat zdi metropolis ofers os.
Así gozamos lo que nos ofrece la metrópoli.

All year round there are different holidays.
Ol yir raund zer ar diferent jalideis.
Todo el año hay diferentes días festivos.

Mother's Day has become very popular.
Mozer's Dei jes bicom veri popiular.
El día de la madre se ha vuelto muy popular.

Father's Day is also celebrated.
Fazer's Day is olso celebreited.
También se celebra el día del padre.

I is a pity these dates have become so commercial.
It is ei piti zis deits jev bicom so comerzial.
Es una lástima que estas fechas se hayan vuelto tan
   comerciales.

There are of course religiuos holidays.
Zer ar of kors religios jalideis.
Hay desde luego días festivos religiosos.

There are also government holidays.
Zer ar olso government jalideis.
También hay días festivos del gobierno.

Whoever is lazy celebrates all holidays.
Juever is leisi celebreits ol jalideis.
Quien es perezoso celebra todos los días festivos.

It is good to celebrate, but also to work.
It is gud tu celebreit, bot olso tu uerk.
Es bueno celebrar, pero también trabajar.

I must travel to Veracruz on a matter.
Ai most trevel tu Veracruz on ei meter.
Tengo que viajar a Veracruz por un asunto.

133

As I like the railroad I shall travel on it.
Es Ai laik zdi reilroud Ai shell trevel on it.
Como me gusta el ferrocarril viajaré en él.

I shall go to the railroad station.
Ai shel gou tu zdi reilroud steizion.
Iré a la estación de ferrocarril.

There I will buy a ticket.
Zer Ai uil bai ei tiket.
Allí compraré un boleto.

I will take a place for the night.
Ai uil teik ei pleis for di nait.
Tomaré un lugar para en la noche.

That way I shall arrive in Veracruz in the morning.
Zat uei Ai shel araiv in Veracruz in zdi mornig.
Así llegaré a Veracruz por la manana.

There are not many people who travel by railroad.
Zer ar nat meni pipel ju trevel bai reilroud.
No hay mucha gente que viaje por ferrocarril.

Nowadays people prefer the plane.
Nauadeis pipel prifer di plein.
Hoy en día la gente prefiere el avión.

I continue liking the railroad.
Ai continiu laiking di reilroud.
A mí me sigue gustando el ferrocarril.

I also enjoy the dinig room there.
Ai olso enchoi di daining rum zer.
También disfruto del comedor allí.

Though it is old fashioned, it is pleasant to go by railroad.
Zou it is old feshiond, it is plesent tu gou bai reilroud.
Aunque sea anticuado, es agradable ir en ferrocarril.

To know languages is a great advantage.
Tu nou lengueges is ei greit adventach.
Conocer idiomas es una gran ventaja.

It is very useful and practical.
It is veri iusful end prectikal.
Es muy útil y práctico.

It is of course difficult to learn languages.
It is of kors difikolt tu lern lengueges.
Desde luego es difícil aprender idiomas.

Once we know another languaje it is easier to learn others.
Uanz ui nou enozer lenguech it is isier tu lern ozers.
Una vez que conocemos otro idioma es más fácil aprender otros.

I myself master six languages.
Ai maiself mester siks lengueges.
Yo mismo domino seis idiomas.

Night clubs serve for amusement.
Nait clobs serv for amiusment.
Los centros nocturnos sirven para diversión.

They always have good shows.
Zei olueis jev gud shous.
Siempre tienen buenos espectáculos.

One can also dance at the night club.
Uan ken olso denz et di nait clob.
También se puede bailar en el centro nocturno.

At the same time one can eat and drink there.
Et zdi seim taim uan ken it end drink zer.
Al mismo tiempo se puede comer y beber allí.

Young people prefer to go to the discotheque.
Iong pipel prifer tu gou tu di discotek.
La gente joven prefiere ir a la discoteca.

I find discoteques very noisy.
Ai faind discoteks veri noisi.
Encuentro las discotecas muy ruidosas.

Nevertheless nowadays they are in fashion.
Neverziles nauadeis zei ar in feshion.
Sin embargo hoy en día están de moda.

Personally I still like a night club.
Personali Ai stil laik ei nait clob.
Personalmente todavía me gusta un centro nocturno.

VOCABULARIO

Inglés	*Pronunciación*	Español
To dine	*Tu dain*	Cenar
Table-cloth	*Teibel-cloz*	Mantel
Dinner set	*Diner set*	Vajilla
Porcelain	*Porcelein*	Porcelana
Flower vase	*Flauer vas*	Florero
To eat	*Tu it*	Comer
Bed	*Bed*	Cama

Blanket	*Blenket*	Cobija
Matress	*Metres*	Colchón
Pillows	*Pilous*	Almohadas
To rest	*Tu rest*	Descansar
Bedroom	*Bedrum*	Recámara
Lamps	*Lemps*	Lámparas
Curtains	*Kertins*	Cortinas
Stairs	*Steirs*	Escalera
Tape recorder	*Teip ricorder*	Grabadora
Programs	*Prougrems*	Programas
Record player	*Record pleyer*	Tocadiscos
Records	*Records*	Discos
Song	*Song*	Canción
Date	*Deit*	Fecha
Lazy	*Leisi*	Perezoso
To celebrate	*Tu celebreit*	Celebrar
Railroad	*Reilroud*	Ferrocarril
Place	*Pleis*	Lugar
Plane	*Plein*	Avión
Diningroom	*Dainingrum*	Comedor
Show	*Shou*	Espectáculo
To dance	*Tu denz*	Bailar
To drink	*Tu drink*	Beber
Discotheque	*Discotek*	Discoteca
Noisy	*Noisi*	Ruidoso

DE COMPRAS

A laundry was open on my street.
Ei londri uas opend on mai strit.
Se abrió una lavandería en mi calle.

I take all my clothing to wash there.
Ai teik ol mai clozing tu uash zer.
Llevo toda mi ropa a lavar allí.

The owners of the laundry are Chinese.
Zdi ouners of di londri ar Chainis.
Los dueños de la lavandería son chinos.

They starch the collars of the shirts.
Zei starch di colars of di sherts.
Almidonan los cuellos de las camisas.

Given its good work the laundry is very successful.
Given its gud uerk di londri is veri sucesful.
Dado su buen trabajo tiene mucho éxito la lavandería.

I need a typical Mexican gift.
Ai ni ei tipical Meksikan gift.
Necesito un regalo típico mexicano.

I find a good curious shop.
Ai faind ei gud kiuro shop.
Encuentro una buena tienda de curiosidades.

It takes me time to choose something.
It teiks mi taim tu chus somzing.
Me toma tiempo escoger algo.

Finally I buy a silver bull.
Fainali Ai bai ei silver bul.
Finalmente compro un toro de plata.

My friends will like the gift.
Mai frends uil laik di gift.
A mis amigos les va a gustar el regalo.

I will also recommend them the curious shop.
Ai uil olso ricomend zem di kiuro shop.
También les voy a recomendar la tienda de curiosidades.

In the villages the markets are out in the open.
In zdi vilaches di markets ar aut in zdi oupen.
En los pueblos los mercados son al aire libre.

They are very picturesque.
Zei ar veri pictiuresk.
Son muy pintorescos.

In these markets there is everything.
In zis markets zer is everizing.
En estos mercados hay de todo.

The flowers are a symphony of colors.
Zdi flauers ar ei simfoni of colors.
Las flores son una sinfonía de colores.

The same happens with the vegetables and the fruits.
Zi seim jepens uiz vegetebels end di fruts.
Lo mismo sucede con las verduras y las frutas.

One can also buy housewares.
Uan ken olso bai jauseueirs.
También se pueden comprar cosas para el hogar.

There is much folklore in these village markets.
Zer is moch foulklor in zis vilag markets.
Hay mucho folclor en estos mercados de los pueblos.

Lately the telephones function badly.
Leitli di telefons fonktion bedli.
Últimamente los teléfonos funcionan mal.

Wrong numbers always answer.
Rong nombers olueis enzer.
Siempre contestan números equivocados.

It is a triumph to get the correct number.
It is ei traiumf tu get di corekt nomber.
Es un triunfo obtener el número correcto.

And to think how expensive the telephone is.
End tu zink jau ekspensiv di telefon is.
Y pensar qué caro es el teléfono.

But now everything is very expensive.
Bot nau everizing is veri ekspensiv.
Pero ahora todo es muy caro.

All is due to the so terrible inflation.
Ol is diu to di sou terribel infleizion.
Todo es debido a la inflación tan terrible.

Miss Johnson fell in her drawing room.
Mis Jonson fel in jer droing rum.
La señorita Johnson se cayó en su sala.

She fractured a hip.
Shi freictured ei jip.
Se fracturó la cadera.

Miss Johnson had to be hospitalized.
Mis Jonson jed tu bi jospitalaisd.
La señorita Johnson tuvo que ser hospitalizada.

The doctor took her to the Spanish Hospital.
Zdi doctor tuk jer tu di Spenish Jospital.
El doctor la llevó al Sanatorio Español.

After a week she returned home.
Efter ei uik shi riturnd joum.
Luego de una semana regresó a su casa.

Nevertheless she still walks with a cane.
Neverziles shi stil uoks uiz ei kein.
Sin embargo todavía camina con bastón.

Now Miss Johnson appreciates health.
Nau Mis Jonson aprisiets jelz.
Ahora aprecia la señorita Johnson la salud.

It is better to be healthy than sick.
It is beter tu bi jelzi zen sik.
Es mejor estar sano que enfermo.

Sickness finishes people.
Siknes finishes pipel.
La enfermedad acaba a la gente.

When one is healthy one can do everything.
Juen uan is jelzi uan ken du everizing.
Cuando se es sano se puede hacer todo.

Astronomy is an old science.
Astronomi is en ould saienz.
La astronomía es una ciencia vieja.

Constellations were always studied.
Consteleizions uer olueis stodid.
Siempre se estudiaron las constelaciones.

Since olden times one knows much about the stars.
Sinz oulden taims uan nous moch abaut zdi stars.
Desde tiempos antiguos se conoce mucho sobre las
  estrellas.

We are also familiar with the moon.
Ui ar olso familiar wiz zdi mun.
También estamos familiarizados con la luna.

And especially since man stepped on the moon.
End espeziali sinz maen stepd on zdi mun.
Y especialmente desde que el hombre pisó la luna.

The study of the firmament is fascinating.
Zdi stodi of zdi firmament is fesineiting.
El estudio del firmamento es fascinante.

The bank is a very necessary institution.
Zdi benk is ei veri necesari instituzion.
El banco es una institución muy necesaria.

In the bank you can get many financial services.
In zdi benk yu can get meni finanshial sérvices.
En el banco se pueden obtener muchos servicios
financieros.

All money transactions are made there.
Ol moni transeczions ar meid zer.
Todas las transacciones de dinero se hacen allí.

In the safety-deposit boxes of the banks we keep our valuables.
In zdi seifti-diposit bakses of zdi benks ui kip aur veliuables.
En las cajas fuertes de los bancos guardamos nuestros valores.

There we also keep our money.
Zer ui olso kip aur moni.
Allí también guardamos nuestro dinero.

In my country the baks belong to the government.
In mai contri zdi benks bilong tu zdi government.
En mi país los bancos le pertenecen al gobierno.

Bank employees are trustworthy.
Benk employis ar trostuerzi.
Los empleados de los bancos son de confianza.

Banks are a part of modern life.
Benks ar ei part of modern laif.
Los bancos son parte de la vida moderna.

And in the banks we are also helped to make investments.
End in di henks ui ar olso jelpd tu meik investments.
Y en los bancos también se nos ayuda a hacer inversiones.

There are many businesses which are arranged through the banks.
Zer ar meni bisinises juich ar arenchd zru di benks.
Hay muchos negocios que se arreglan a través de los bancos.

There exist nowadays many groups of social welfare.
Zer eksist nauadeis meni grups of souzial uelfeir.
Existen hoy en día muchos grupos de asistencia social.

The government also has a department of social welfare.
Zdi government olso jes ei diparment of souzial uelfeir.
También el gobierno tiene un departamento de asistencia social.

All this is of help for the unemployed.
Ol zis is of jelp for di onemploid.
Todo esto es de ayuda para los desempleados.

At the same time social welfare is necesarry for the poor.
Et zdi seim taim souzial uelfeir is necesari for zdi pur.
Asimismo la asistencia social es necesaria para los pobres.

Unfortunately there is not enough work for all.
Onfortiunetli zer is nat inof uerk for ol.
Desgraciadamente no hay bastante trabajo para todos.

In all big cities there exists unemployment.
In ol big sitis zer eksists onemploiment.
En todas las grandes ciudades existe el desempleo.

One must create more sources of work.
Uan most krieit mor sorses of uerk.
Se deben crear más fuentes de trabajo.

An aunt came on a visit from France.
En ent keim on ei visit from Frenz.
Una tía llegó de visita de Francia.

She wanted to buy typical things and we went to the handcrafts market.
Shi uanted tu bi tipical zings end ui uient to zdi jendikrefts market.
Quería comprar cosas típicas y fuimos al mercado de artesanías.

We admired the blown glass.
Ui admaird di bloun gles.
Admiramos el vidrio soplado.

We saw beautiful pottery.
Ui so biutiful poteri.
Vimos cosas hermosas de alfarería.

Also the textiles were pretty.
Olso di tekstails uer priti.
También los textiles eran bonitos.

My aunt bought a few tiles.
Mai ent bot ei fiu tails.
Mi tía compró varios azulejos.

I liked the copper objects.
Ai laikd di koper obchects.
A mí me gustaron los objetos de cobre.

145

The things of onyx are interesting.
Zdi zings of onix ar interesting.
Las cosas de ónix son interesantes.

The handcrafts market is very frecuented by tourists.
Zdi jendikrefts market is veri frikuented bai turists.
El mercado de artesanías es muy frecuentado por
    turistas.

A new Art Gallery was opened.
Ei niu Art. Geleri uas oupend.
Se abrió una nueva galería de arte.

I was invited to the inauguration.
Ai uas invaited to the inauguration.
Estuve invitado a la inauguración.

**Personalities of the artistic and intellectual world
    were present.**
*Personalitis of di artistic end intelectual uerld uer
    present.*
Personalidades del mundo artístico e intelectual
    estaban presentes.

But I did not like the exhibit.
Bot Ai did nat laik di eksibit.
Pero no me gustó la exposición.

The paintings were too agresive.
Zdi peintings uer tu agresiv.
Las pinturas eran demasiado agresivas.

Not even the colors were pleasant.
Nat iven di colors uer plesent.
Ni siquiera los colores eran agradables.

I like painting wich moves me.
Ai laik peinting juich muvs mi.
A mí me gusta la pintura que me conmueve.

Nevertheless the Art Gallery is very spacious.
Neverziles di Art Geleri is veri speizios.
Sin embargo la galería de arte es muy espaciosa.

Let us hope the next art exhibits are better.
Let ol joup di nekst art eksibits ar beter.
Esperemos que las próximas exposiciones de arte sean
    mejores.

I went to the gas station.
Ai uent tu di ges steizion.
Fuí a la gasolinera.

I asked the attendant to fill the tank.
Ai eskd di atendant tu fil zdi tenk.
Le pedí al dependiente que llenara el tanque.

I asked him to revise the tires.
Ai eskd jim tu rivais zdi tairs.
Le pedí revisar las llantas.

He also saw the water and the battery.
Ji olso so di uater end zdi beteri.
También vió el agua y la batería.

Ther was oil missing in the car.
Zer uas oil mising in di kar.
Le faltaba aceite al automóvil.

After thanking I left the gas station.
After zanking Al left zdi ges steizion.
Dí las gracias y salí de la gasolinera.

In Mexico lottery is sold much.
In Meksiko loteri is sould mach.
En México se vende mucho la lotería.

I buy each week a lottery ticket.
Ai bai ich uik ei loteri tiket.
Compro cada semana un boleto de la lotería.

Until now I have not won anything.
Ontil nau Ai jev nat uan enizing.
Hasta ahora no he ganado nada.

But I continue buying the lottery.
Bot Ai continiu baing zdi loteri.
Pero sigo comprando la lotería.

In the mornings one finds the newspapers at the newstands.
In zdi mornings uan fainds di niuspeipers et zdi niustends.
En las mañanas se encuentran los periódicos en los puestos.

In the afternoon men and women sell them on the street.
In zdi efternun men end uimen sel zem on di strit.
En la tarde los venden hombres y mujeres en la calle.

The newspaper is brought to my home.
Zdi niuspeiper is brot tu mai joum.
Me traen el periódico a mi casa.

I need to know the news every day.
Ai nid to nou di nius everi dei.
Necesito saber las noticias todos los días.

148

VOCABULARIO

Inglés	Pronunciación	Español
Street	Strit	Calle
Clothing	Clozing	Ropa
Owners	Ouners	Dueños
Collars	Colars	Cuellos
Shirt	Shert	Camisa
Gift	Gift	Regalo
To choose	Tu chus	Escoger
Bull	Bul	Toro
Market	Market	Mercado
Everything	Everizing	Todo
Colors	Colors	Colores
Village	Vilach	Pueblo
Telephone	Telefon	Teléfono
To answer	Tu anzer	Contestar
Correct	Corekt	Correcto
Inflation	Infleizion	Inflación
Drawingroom	Droingrum	Sala
Hip	Jip	Cadera
To return	Tu riturn	Regresar
Cane	Kein	Bastón
Health	Jelz	Salud
Sick	Sik	Enfermo
To finish	Tu finish	Acabar
Healthy	Jelzy	Sano
Star	Star	Estrella
Moon	Mun	Luna
Firmament	Firmament	Firmamento
Belong	Bilong	Pertenecen
Employees	Employis	Empleados
Investments	Investments	Inversiones

Groups	*Grups*	Grupos
Welfare	*Uelfer*	Asistencia
Unemployed	*Onemploid*	Desempleados
Poor	*Pur*	Pobre
Glass	*Glas*	Vidrio
Tiles	*Tails*	Azulejos
Copper	*Koper*	Cobre
Onyx	*Onix*	Onix
Pleasant	*Plesent*	Agradables
Tires	*Tairs*	Llantas
Water	*Uater*	Agua
Oil	*Oil*	Aceite
Lottery	*Loteri*	Lotería
To need	*Tu nid*	Necesitar

DE PASEO

I have visited many churches in the city.
Ai jev visited meni choerches in di sity.
He visitado muchas iglesias en la ciudad.

The majority are Catholic.
Zdi majoriti ar Kadolic.
La mayoría son católicas.

There also are the Protestant ones.
Zer olso ar di Protestan uans.
También las hay protestantes.

But there are also synagogues and mosques.
Bot zer ar olso sinagogs end mosks.
Pero también hay sinagogas y mezquitas.

All religions should be respected.
Ol relichions shud bi rispected.
Todas las religiones deben ser respetadas.

Or one has faith or one has not.
Or uan jes feiz or uan jes nat.
O se tiene fe o no se tiene.

At any rate there is only one God.
Et eni reit zer is ounli uan God.
De todos modos hay un solo Dios.

And everyone has the right to his religion.
End everiuan jes ei rait to jis relichion.
Y cada quien tiene derecho a su religión.

With tourists friends of mine I visited the Pyramids.
Uiz turists frents of main I visited di Piramids.
Visité con amigos turistas las Pirámides.

We went up to the one of the Sun.
Ui uent ap to zdi uan of di Son.
Subimos a la del Sol.

From there we saw the smaller Pyramid of the Moon.
From zer ui so di smoler Piramid of di Mun.
De allí vimos la Pirámide más pequeña de la Luna.

The only other country with pyramids is Egypt.
Di onli ozer kontri uiz piramis is Ichipt.
El único otro país con pirámides es Egipto.

Mexico is filled with archaeological ruins.
Meksixou is fild uiz arkeolochical ruins.
México está lleno de ruinas arqueológicas.

There was a very important Prehispanic civilization.
Zer uas ei veri important Prejispanik civilizeizion.
Es que hubo una civilización prehispánica muy
  importante.

The country is filled with different antique cultures.
Di kontri is fild wuiz diferent antik coltiurs.
El país está lleno de diferentes culturas antiguas.

The archaeological ruins teach us the past.
Di arkeolochical ruins tich os di past.
Las ruinas arqueológicas nos enseñan el pasado.

Knowing the past we understand the present.
Nouing di pest ui anderstend di present.
Conociendo el pasado entendemos el presente.

I went to the telegraph office.
Ai uent tu di telefreg ofis.
Fuí a la oficina de telégrafos.

I sent two telegrams.
Ai sent tu telegrams.
Mandé dos telegramas.

One was national and the other international.
Uan uas nezional end di ozer internezional.
Uno era nacional y el otro internacional.

The telegraph services are efficient.
Zdi telegref servises ar efizient.
Los servicios de telégrafos son eficientes.

By telephone one can also send telegrams.
Bai telefoun uan ken olso send telegrems.
También por teléfono se pueden mandar telegramas.

These are charged later on the telephone bill.
Zis ar chargd leiter on di telefoun bil.
Éstos se cargan después en la cuenta telefónica.

The telegraph office is open day and night.
Zdi telegref ofis is oupen dei end nait.
La oficina de telégrafos está abierta día y noche.

People have different hobbies.
Pipel jev diferent jobis.
La gente tiene distintos pasatiempos.

Some like to fish.
Som laik tu fish.
A algunos les gusta pescar.

Others like to bowl.
Ozers laik tu boul.
A otros les gusta jugar boliche.

Many persons collect stamps.
Meni persons colekt stemps.
Muchas personas coleccionan timbres.

The important thing is to have a hobby.
Zdi important zing is tu jev ei jobi.
La cosa importante es tener un pasatiempo.

A hobby relaxes the mind.
Ei jobi rilekses di maind.
Un pasatiempo relaja la mente.

A hobby is useful for old age.
Ei jobi is iusful for ould eich.
Un pasatiempo es útil para la vejez.

With an occupation one does not think foolishness.
Wiz en ociupeizion uan dos nat zink fulishnes.
Con una ocupación no se piensa en tonterías.

Children like amusement parks.
Children laik amiusment parks.
A los niños les gustan los parques de diversiones.

The mayority like the ferris wheel.
Zdi majoriti laik di ferris juil.
A la mayoría les gusta la rueda de la fortuna.

Children are also amused by other games.
Children ar olso amiusd bai ozer geims.
También se divierten los niños con otros juegos.

There is for all tastes in an amusement park.
Zer is for ol teists in en amiusment park.
Hay para todos los gustos en un parque de diversión.

Lately there have been many strikes.
Leitli zer jev bin meni straiks.
Últimamente ha habido muchas huelgas.

They are not always justified.
Zei ar nat olueis jostifaid.
No siempre son justificadas.

Sometimes the government intervenes to break a strike.
Somtaims di government intervins tu breik ei straik.
A veces interviene el gobierno para romper una huelga.

For the well-being of the country it is better not to have strikes.
For zdi uel-biing of di kontri it is beter bat tu jev straiks.
Para el bienestar del país es mejor que no haya huelgas.

I had to go to the hardware store.
Ai jed tu gou tu di jardueir stor.
Tuve que ir a la tlapalería.

I found very good scissors.
Ai faund veri gud sisors.
Encontré muy buenas tijeras.

155

I also bought tools for the garden.
Ai olso bot tuls for di garden.
También compré herramienta para el jardín.

I could not find a hose.
Ai kud nat faind ei jos.
No pude encontrar una manguera.

I could not find small nails.
Ai kud nat faind smol neils.
No encontré clavos pequeños.

Tomorrow I shall go to another hardware store.
Tumauro Ai shell gou tu enozer jardueir stor.
Mañana iré a otra tlapalería.

Ceramics are again in fashion.
Ceremiks ar egein in feshion.
La cerámica está otra vez de moda.

A friend of mine is a known ceramist.
Ei frend of main is ei noun ceramist.
Un amigo mío es un conocido ceramista.

I have a beautiful pitcher of ceramics.
Ai jev ei biutiful pitcher of ceramics.
Tengo una hermosa jarra de cerámica.

Chinese ceramics are famous.
Chainis ceramics ar feimos.
La cerámica china es famosa.

Nowadays there are schools of ceramics.
Nauadeis zer ar skuls of ceramics.
Hoy en día hay escuelas de cerámica.

Ceramics has become a popular art.
Ceramics jes bikom ei popiular art.
La cerámica se ha vuelto un arte popular.

Engravings are also interesting.
Engreivings ar ol interesting.
También los grabados son interesantes.

I have a few in my house.
Ai jev ei fiu in mai jaus.
Yo tengo algunos en mi casa.

My engravings are French and English.
Mai engreivings ar French end Inglish.
Mis grabados son franceses e ingleses.

One needs a delicate taste for engravings.
Uan nids ei delikat teist for engreivings.
Se necesita un gusto delicado para los grabados.

Since very remote times mirrors have been known.
Sinz veri rimout taims mirrors jev bin noun.
Desde tiempos muy remotos se han conocido los espejos.

Women have always liked to look at themselves in them.
Uimen jev olueis laikd tu luk et zemselvs in zem.
A las mujeres siempre les ha gustado verse en ellos.

Mirrors do not lie.
Mirros du nat lai.
Los espejos no mienten.

Mirrors say the truth.
Mirrors sei zdi truz.
Los espejos dicen la verdad.

There is a beauty parlor near my house.
Zer is ei biuti parlor nir mai jaus.
Hay un salón de belleza cerca de mi casa.

All muy neighbors go there.
Ol mai neibors gou zer.
Todas mis vecinas van allí.

There they do from a hair-cut to a hair-set.
Zer zei du from ei jeir-kot tu ei jeir-set.
Allí se hace desde corte de pelo hasta peinado.

For a woman it is important to go to the beauty parlor from time to time.
For ei uman it is important tu gou tu zdi biuti parlor from taim tu taim.
Para una mujer es importante ir al salón de belleza de cuando en cuando.

Almost all countries have Embassies here.
Olmoust ol kontris jev Embasis jir.
Casi todos los países tienen Embajadas aquí.

Sometimes I go to a reception of some Embassy.
Somtaims Ai gou tu ei ricepzion of som Embasi.
A veces voy a una recepción de alguna Embajada.

It is pleasant to deal with the Diplomatic Corps.
It is plesent tu dil uiz di Diplomatik Kor.
Es agradable tratar con el Cuerpo Diplomático.

Almost all diplomats are very intelligent persons.
Olmout ol diplomats ar veri intelichent persons.
Casi todos los diplomáticos son personas muy
  inteligentes.

We also have Consulates.
Ui olso jev Konsuleits.
También tenemos Consulados.

I know many interesting Consuls.
Ai nou meni interesting Konsuls.
Conozco a muchos Cónsules interesantes.

The mayority of diplomats know a few languages.
Zdi majoriti of diplomets nou ei fiu lenguaches.
La mayoría de los diplomáticos conocen varios
  idiomas.

They of course know the language of the country.
Zei of kors nou di lenguach of di kontri.
Desde luego que conocen el idioma del país.

Diplomats lead very busy lives.
Diplomats lid veri bisi laivs.
Los diplomáticos llevan vidas muy ocupadas.

**And they have the advantage of knowing many
  countries.**
End zei jev di adventach of nouing meni kontris.
Y tienen la ventaja de conocer muchos países.

Ambassadors get to know the Heads of State.
Ambesadors get to nou di Jeds of Steit.
Los Embajadores llegan a conocer a los Jefes de Estado.

Nevertheless diplomats lead a difficult life.
Neverziles diplomats lid ei difikolt laif.
Sin embargo los diplomáticos llevan una vida
   difícil.

I like to visit Xochimilco.
Ai laik to visit Xochimilco.
Me gusta visitar Xochimilco.

They also call it the Floating Gardens.
Zei olso kol it di Flouting Gardens.
También lo llaman los jardines flotantes.

This is due to the numerous canals it has.
Zei is diu to zdi numeros canels it jes.
Esto es debido a los numerosos canales que tiene.

And in the middle of the water are the gardens.
End in zdi midel of di uater ar di gardens.
Y en medio del agua están los jardines.

One takes a boat to know Xochimilco.
Uan teiks ei bout tu nou Xochimilco.
Uno toma una lancha para conocer Xochimilco.

From the boats one buys the flowers and the plants.
From di bouts uan bais zdi flauers end zdi plents.
De las lanchas se compran las flores y las plantas.

These are then planted in the garden of the house.
Zis ar zen plented in di garden of zdi jaus.
Éstas se plantan luego en el jardín de la casa.

On Sundays Xochimilco is very amusing.
On Sundeis Xochimilco is veri amiusing.
Los domingos Xochimilco es muy divertido.

There are boats where food is sold.
Zer ar bouts juer fud is sould.
Hay lanchas en donde se vende comida.

There are also boats with musicians.
Zer ar olso bouts uiz miusizians.
También hay lanchas con músicos.

That is why it is so pleasant to go to Xochimilco.
Zet is juai it is sou plesent to gou tuXochimilco.
Por eso es tan agradable ir a Xochimilco.

VOCABULARIO

Inglés	Pronunciación	Español
Church	*Choerch*	Iglesia
Catholic	*Kadolic*	Católicos
Protestant	*Protestant*	Protestante
Religions	*Relichions*	Religiones
Faith	*Feiz*	Fé
Small	*Smol*	Pequeño
Ruins	*Ruins*	Ruinas
Present	*Present*	Presente
Telegram	*Telegrem*	Telegrama
National	*Nezional*	Nacional
Efficient	*Efizient*	Eficiente
Day	*Dei*	Día
Night	*Nait*	Noche
Hobbie	*Jobi*	Pasatiempo
To fish	*Tu fish*	Pescar
Stamps	*Stemps*	Timbres
Relaxes	*Rilekses*	Relaja
Foolishness	*Fulishnes*	Tonterías

161

To game	*Tu geim*	Jugar
Hardware store	*Jardueir stor*	Tlapalería
Scissors	*Sisors*	Tijeras
Tools	*Tuls*	Herramienta
Hose	*Jos*	Manguera
Nails	*Neils*	Clavos
Pitcher	*Pitcher*	Jarra
Ceramics	*Ceramics*	Cerámica
Engravings	*Engreivings*	Grabados
Delicate	*Delikat*	Delicado
Mirror	*Mirror*	Espejo
Truth	*Truz*	Verdad
Near	*Nir*	Cerca
Hair cut	*Jeir cot*	Corte de pelo
Hair set	*Jeir set*	Peinado
To go	*Tu gou*	Ir
Ambassador	*Embesador*	Embajador
Consulate	*Konsuleiţ*	Consulado
Diplomats	*Diplomats*	Diplomáticos
Boat	*Bout*	Lancha
Amusing	*Amiusing*	Divertido
Food	*Fud*	Comida
Musicians	*Miusisians*	Músicos

SITUACIONES DIVERSAS

I was in a ranch not far from the city.
Ai uas in ei rench nat far from di siti.
Estuve en un rancho no lejos de la ciudad.

First I went to see the chickens.
Ferst Ai uent tu si di chikens.
Primero fuí a ver los pollos.

There were about one hundred.
Zer uer abaut uan jondred.
Había como cien.

And what a pleasure to eat fresh eggs.
End juat ei plezur tu it fresh egs.
Y qué gusto comer huevos frescos.

In the city the eggs are refrigerated.
In zdi siti di egs ar refrigereited.
En la ciudad los huevos son refrigerados.

I saw some goats.
Ai so som gouts.
Ví algunas cabras.

From them one makes a deliciuos cheese.
From zem uan miks ei delizius chis.
De ellas se hace un queso delicioso.

There were also many cows.
Zer uer olso meni kaus.
También había muchas vacas.

It is a pleasure to drink fresh milk.
It is ei plezur tu drink fresh milk.
Es un placer beber la leche fresca.

I also saw many donkeys.
Ai olso so meni donkis.
También ví muchos burros.

In that ranch onions and garlics grow.
In zat rench onions end garliks grou.
En ese rancho crecen las cebollas y los ajos.

Celery also grows there.
Celeri olso grous zer.
El apio también crece allí.

I brought back a basket of celery.
Ai brot bek ei besket of celeri.
Traje de regreso una canasta de apios.

My visit to the ranch was productive.
Mai visit tu di rench uas prodoctiv.
Mi visita al rancho fue productiva.

But I prefer the life of the city.
Bot Ai prifer di laif of zdi siti.
Pero prefiero la vida de la ciudad.

Ranches are good for vacations.
Renches ar gud for vakeizions.
Los ranchos son buenos para vacaciones.

164

There are rugs for all tastes.
Zer ar rogs for ol teists.
Hay alfombras para todos los gustos.

There are wool carpets.
Zer ar ul carpets.
Hay tapetes de lana.

There are also cotton ones.
Zer ar olso coton uans.
También los hay de algodón.

And of course there are carpets of synthetic fibers.
End of kors zer ar carpets of sinzetic faibers.
Y desde luego hay tapetes de fibras sintéticas.

And let us not forget silk rugs.
End let os nat forget silk rogs.
Y no nos olvidemos de las alfombras de seda.

According to individual taste one chooses rugs.
Akording tu individual teist uan chuses rogs.
Según el gusto individual escoge uno las alfombras.

A carpet is an ornament.
Ei carpet is en ornament.
Un tapete es un adorno.

Rugs beautify a house.
Rogs biutifai ei jaus.
Las alfombras embellecen una casa.

Many people celebrate their Saint's Day.
Meni pipel celebreit zer Seints Dei.
Muchas gentes celebran sus santos.

Others feast their birthdays.
Ozer fist zer berzdeis.
Otros festejan sus cumpleaños.

A birthday makes one think of time.
Ei berzdei meiks uan zink of taim.
Un cumpleaños hace pensar en el tiempo.

Children do not think of age.
Children du nat zink of eich.
Los niños no piensan en la edad.

Young people do not care either.
Iong pipel du nat keir izer.
A los jóvenes tampoco les importa.

In middle age one already thinks of age.
In midl eich uan olredi zinks of eich.
En la madurez ya se piensa en la edad.

In old age one counts the years.
In ould eich uan caunts di irs.
En la vejez se cuentan los años.

All ages have their good things.
Ol eiches jev zer gud zings.
Todas las edades tienen sus cosas buenas.

There are many skyscrapers in the city.
Zer ar meni skaiskreipers in di siti.
Hay muchos rascacielos en la ciudad.

Generally one finds offices there.
Chenerali uan fainds ofises zer.
Generalmente allí se encuentran las oficinas.

The inhabitants of the city live in houses or apartments.
Zdi injebitants of di siti liv in jauses or apartments.
Los habitantes de la ciudad viven en casas o
departamentos.

We also have many condominiums.
Ui olso jev meni condominiums.
También tenemos muchos condominios.

One chooses a home according to economical possibilities.
Uan chuses ei joum acording tu iconomical posibilitis.
Se escoge un hogar según las posibilidades económicas.

One must respect traffic signals.
Uan most rispect trefik signals.
Hay que respetar las señales de tránsito.

That is why semaphores are so important.
Zat is juai semafors ar so important.
Por eso son tan importantes los semáforos.

All streets of much traffic have semaphores.
Ol strits of moch trefik jev semafors.
Todas las calles de mucho tránsito tienen
semáforos.

The driver must also respect the pedestrian.
Zdi draiver most olso rispect di pedestrian.
El automovilista también tiene que respetar
al transeúnte.

One must first let by the ambulances.
Uan most first let bai di embiulanzes.
Hay que dejar pasar primero a las ambulancias.

One must also obey traffic policemen.
Uan most olso obei trefik polizmen.
También hay que obedecer a los policías de
tránsito.

On the roads one must drive very carefully.
On zdi roùds uan most draiv veri keirfuli.
En las carreteras hay que manejar con mucho
cuidado.

The thruways can also be dangerous.
Zdi zruueis ken olso bi deincheros.
Los periféricos también pueden ser peligrosos.

It is very necessary to be able to drive well.
It is veri necesari tu bi eibel tu draiv uel.
Es muy necesario poder manejar bien.

One must have patience when one is in a car.
Una most jev peiziens juen uan is in ei kar.
Hay que tener paciencia cuando se está en
un automóvil.

Given the traffic, there is much smog in the city.
Given zdi trefik, zer is moch smog in zdi siti.
Dado el tránsito, hay mucho esmog en la ciudad.

All our environment is highly polluted.
Ol aur envaironment is jaili poliuted.
Todo nuestro ambiente está altamente contaminado.

Pollution is very bad for health.
Poliuzion is veri bed for jelz.
La contaminación es muy mala para la salud.

We see that life in the city is not easy.
Ui si zat laif in di siti is nat isi.
Vemos que la vida en la ciudad no es fácil.

Nowadays there are not many gentlemen anymore.
Nauadeis zer ar nat meni chentelmen enimor.
Hoy en día ya no hay muchos caballeros.

Fortunately there are still many ladies.
Fortiunetli zer ar stil meni leidis.
Afortunadamente hay todavía muchas damas.

Everyone is in a hurry.
Evriuan is in ei joerri.
Todo mundo está de prisa.

That is why good manners are forgotten.
Zat is juai gu meners ar forgaten.
Por eso se olvidan las buenas costumbres.

Reporters are very active.
Riporters ar veri ektiv.
Los reporteros son muy activos.

They go from one side to the other to get news.
Zei gou from uan said tu di ozer tu get nius.
Van de un lado a otro para obtener noticias.

Reporters of the social page have less activity.
Riporters of di souzial peich jev les activiti.
Los reporteros de sociales tienen menos actividad.

At any rate the journalist has a difficult profession.
Et eni reit di chernalist jes ei difikolt profezion.
De todos modos el periodista tiene una profesión difícil.

169

But it is a very interesting work.
Bot it is ei veri interesting uerk.
Pero es un trabajo muy interesante.

A good journalist must have talent.
Ei gud chernalist most jev telent.
Un buen periodista tiene que tener talento.

And of course experience helps much.
End of kors expirienz helps mach.
Y desde luego la experiencia ayuda mucho.

Some journalists are also writers.
Som chernalists ar olso raiters.
Algunos periodistas son también escritores.

These occupations require a mental effort.
Zis okiupeizions riquaer ei mental efort.
Estas ocupaciones requieren de esfuerzo mental.

To write is a difficult task.
Tu rait is ei difikult tesk.
El escribir es una tarea difícil.

But it is marvelous to be able to express oneself with words.
Bot it is marvelos tu bi eibel tu ekspres uanself uiz uerds.
Pero es maravilloso poder expresarse con palabras.

The writen word is powerful.
Zdi riten uerd is pauerful.
La palabra escrita es poderosa.

Who writes well should be admired.
Ju raits uel shud bi admaird.
Es de admirarse quien escribe bien.

Of course all professions are admirable.
Of kors ol profezions ar edmirabel.
Claro está que todas las profesiones son admirables.

At any rate one must respect any work.
Et eni reit uan most rispekt eni uerk.
De todos modos hay que respetar cualquier trabajo.

Work, whichever it may be, dignifies man.
Uerk, juichever it mei bi, dignifais maen.
El trabajo, el que sea, dignifica al hombre.

All countries have their laws.
Ol kontris jev zer los.
Todos los países tienen sus leyes.

These must be obeyed.
Zis most bi obeid.
Éstas tienen que obedecerse.

If a law is not obeyed one goes to jail.
If ei lo is nat obeid uan gous to jeil.
Si no se obedece una ley se va a la cárcel.

To live correctly one must follow the rules.
Tu liv korrektli uan most falou di ruls.
Para vivir correctamente hay que seguir los reglamentos.

In most countries there exist elections.
In moust kontris zer eksist ileczions.
En la mayoría de los países existen las elecciones.

A President is elected.
Ei President is ilekted.
Se elige un presidente.

One also votes for a Prime Minister.
Uan olso vouts for ei Praim Minister.
También se vota por un primer ministro.

Senators are also chosen.
Senators ar olso chousen.
También se escogen senadores.

Representatives are also elected.
Ripresentativs ar olso ilekted.
Los diputados también se eligen.

Not only are there elections in government.
Nat onli ar zer ileczions in government.
No sólo en el gobierno hay elecciones.

In private organizations there are also elections.
In praivat organizeizions zer ar olso ileczions.
En las organizaciones privadas también hay
  elecciones.

Nowadays everything is organized democratically.
Nauadeis everizing is organaizd demokretikali.
Hoy en día todo se organiza democráticamente.

Tyrannies have almost disappeared.
Tiranis jev olmoust disapird.
Las tiranías casi han desaparecido.

There is no more autocracy.
Zer is nou mor otokrasi.
Ya no hay autocracia.

Now one votes for liberty.
Nau uan vouts for liberti.
Ahora se vota por la libertad.

Where there is liberty there is prosperity.
Juer zer is liberti zer is prosperiti.
Donde hay libertad hay prosperidad.

VOCABULARIO

Inglés	Pronunciación	Español
Ranch	*Rench*	Rancho
Goats	*Gouts*	Cabras
Milk	*Milk*	Leche
Donkey	*Donki*	*Burro*
Onion	*Onion*	Cebolla
Garlic	*Garlik*	Ajo
Celery	*Celeri*	Apio
Basket	*Besket*	Canasta
Silk	*Silk*	Seda
Rugs	*Rogs*	Alfombras
Carpet	*Carpet*	Tapete
Birthday	*Berzdei*	Cumpleaños
Time	*Taim*	Tiempo
Middle age	*Mild eich*	Madurez
Old age	*Ould eich*	Vejez
Skyscrapers	*Skaiskreipers*	Rascacielos
Apartment	*Apartment*	Departamento
Condominiums	*Condominiums*	Condominios
Semaphores	*Semafors*	Semáforos
Driver	*Draiver*	Automovilista
Pedestrian	*Pedestrian*	Transeúnte
Thruways	*Zruueis*	Periféricos
Pollution	*Poliuzion*	Contaminación

173

Gentlemen	*Chentelmen*	Caballeros
Ladies	*Leidis*	Damas
Journalist	*Chernalist*	Periodista
Effort	*Efort*	Esfuerzo
Task	*Tesk*	Tarea
Professions	*Profezions*	Profesiones
Jail	*Jeil*	Cárcel
Rules	*Ruls*	Reglamentos
Disappeared	*Disapird*	Desaparecido
Autocracy	*Otokrasi*	Autocracia
Liberty	*Liberti*	Libertad
Prosperity	*Prosperiti*	Prosperidad

impreso en publimex, s.a.
calz. san lorenzo 279-32 - col. estrella iztapalapa
del. iztapalapa - 09880 méxico, d.f.
    mil ejemplares y sobrantes para reposición